mare
Die Zeitschrift der Meere

Hausnachrichten No. 10[illegible]
Oktober/November 2022

Exklusiv für mare-Abonnenten

Wollte sich erst nicht fotografieren lassen: Knud Qujaukitsoq

Bonding durch Bond

Der Winter verlor langsam seine Macht, das Sonnenlicht hatte die Dunkelheit des arktischen Winters besiegt, und das Meereis vor Thule in Nordgrönland begann zu schwinden. Es war im Spätwinter 1987. Ich war zusammen mit meinem Kollegen, dem Journalisten Árni Johnsen, und sieben Inuitjägern auf Hundeschlitten unterwegs. Sie lebten in Qaanaaq, einer der nördlichsten Städte der Welt. Einer der Jäger schien uns nicht zu mögen. Vielleicht dachte er, wir seien nicht geeignet, um in der Kälte auf dem Meereis zu reisen, und würden sie bei ihrer Jagd behindern. Er sagte kein Wort und schaute uns nicht einmal an. Wenn ich die Kamera auf ihn richtete, sah er weg. Ich habe nie ein Foto von seinem Gesicht gemacht.

Wir waren aus Island gekommen, um zwei Wochen lang mit den Inuitjägern auf dem Meereis zu reisen und ihre Lebensweise zu dokumentieren. Ich hatte das Gefühl, dass wir nicht die Geschichte bekommen würden, die wir wollten. Nachts schlugen wir unsere Zelte in der Nähe der Eiskante auf und warteten darauf, dass ein Wal auftauchte. Es war fast rund um die Uhr hell, und es war nicht leicht zu erkennen, ob es Tag oder Nacht war. In der Arktis können sich die Dinge sehr schnell ändern, wenn das Wetter umschlägt. Starke Winde können das Meereis in kürzester Zeit aufbrechen. Eines Morgens wachten wir auf, weil der Wind heulte und die Jäger sich gegenseitig anschrien. Das Meereis brach auf. Ein Riss zwischen uns und dem Haupteis weitete sich, und wir schienen auf einem kleinen Eisberg, der vom Haupteis abgebrochen war, aufs Meer hinauszutreiben. Die Jäger schnappten sich ihre Ausrüstung und schafften es mit den Hunden und den Schlitten sicher aufs Haupteis. Árni und ich trieben davon.

Wir nahmen auf, was wir tragen konnten, und sprangen von einem Eisberg zum anderen, um aufs Haupteis zu gelangen. Der Riss neben dem Haupteis wurde immer breiter. „Wirf das große Objektiv weg, lass es auf dem Eis liegen!", rief Árni, bevor ich einen Sprung machte. Ich weigerte mich und sprang, mit meiner ganzen Ausrüstung um den Hals. In der Luft fürchtete ich, ins kalte Meer zu fallen. Ich sah Árni am Rand entlanglaufen und fragte mich, was er wohl tat. Als ich auf der anderen Seite des Risses landete, wurde mir klar, warum er den Sprint gemacht hatte. Er kam gerade noch rechtzeitig, um mich zu packen, als ich am Rand des Eises das Gleichgewicht verlor und auf dem Weg war, ins eisige Meer zu stürzen. Árni sagte, ich solle weiterlaufen.

Auf dem Weg zum sicheren Haupteis gab es noch einen Riss zu überqueren. Die Inuitjäger warteten dort, um zu sehen, ob wir es schaffen würden. Ich sprang über den letzten Riss und schaffte es. Árni war immer noch auf der anderen Seite des Risses und trug eine Menge Ausrüstung. Er nahm einen langen Anlauf, sprang über den immer breiter werdenden Spalt und landete hart auf der anderen Seite. Da sah der stille Jäger Árni an, lächelte und sagte bewundernd: „James Bond!" Schließlich akzeptierte er uns. Von da an konnte ich ihn so oft fotografieren, wie ich wollte. Wir bekamen eine gute Geschichte von sieben arktischen Helden, den Inuitjägern. Es war der Beginn eines Abenteuers, das noch immer andauert.

Ragnar Axelsson,
„Der Hund der Grönländer", Seite 44

Schreck, lass nach

Meine erste Begegnung mit La Grande-Motte fand rein zufällig statt. Es ist viele Jahre her. Mit Freunden war ich auf einer Hausboottour auf dem Canal du Midi. Eine der letzten Etappen sollte uns nach Aigues-Mortes führen, dem mittelalterlichen Festungsstädtchen in den Lagunen der Camargue. Doch wir hatten die Distanz unterschätzt. Der Abend rückte näher, und die Schleusenwärter machten Feierabend. Wir legten im Niemandsland an der Uferböschung an. Leider mussten wir feststellen, dass unser Kühlschrank an Bord gähnend leer war. Unsere Karte zeigte als nächsten Ort, der zu Fuß erreichbar war, La Grande-Motte an. Wir dachten, dies sei ein malerisches Fischerdörfchen mit urigen Hafentavernen, und machten uns auf den Weg.

Erst nach einer mühseligen, von Stechmücken umschwirrten Wanderung, während der wir uns den Weg durch dorniges Gestrüpp mit

Taschenlampen erleuchten mussten, kamen wir in La Grande-Motte an. Wir trauten unseren Augen nicht. Da war kein idyllisches Fischerdorf, sondern eine Ansammlung futuristischer Betonklötze, die in den Himmel ragten. La Grande-Motte war die Antithese von allem, was wir bisher während unserer Bootstour gesehen hatten. Statt ehrwürdiger Festungsmauern und heimeliger Bruchsteinhäuser empfingen uns pyramidenförmige Bettentürme und startbahnbreite Avenuen wie aus einem Science-Fiction-Film. Doch irgendwie wurde die monströse Retortenstadt, mittlerweile zur Architekturikone des 20. Jahrhunderts geadelt, unsere kulinarische Rettung. Wir fanden ein gemütliches Restaurant, in dem die Fischsuppe und der Languedocwein vorzüglich schmeckten. Aus den Lautsprechern klang der *tube de l'été*, wie der jeweilige Sommerhit in der französischen Ferienzeit heißt. Wir fühlten uns wohl wie Gott in Frankreich und stellten einstimmig fest, dass wir uns nach dem ersten Schrecken mit dem Ort versöhnt hatten.

Rob Kieffer,
„La Grande-Motte", Seite 12

Ein Korn, eine Welt

Nach einem sehr persönlichen, existenziellen Schicksalsschlag blieb

Unterwegs in Wasserwelten

mir nichts – außer meinem Koffer mit gesammelten Sandproben von meinen unzähligen Fotoreisen. Ein gemeinsamer meditativer Blick mit meinem Sohn wurde tiefer, fragender und unendlich neugierig: Wie sehen eigentlich Sandkörner aus? So begann eine Odyssee zum Rasterelektronenmikroskop durch Labore, Studios, Universitäten und Institutionen, die meinen Blick begleiten und verstärken. Die mineralogischen und geografischen Morphologien der Wassersprache zogen mich in ihren Bann, und so begann ich, Sandkörner zu komponieren. Fragile Parallelwelten entstanden und entstehen immer noch. Ich habe Sand von 216 Stränden und bin bei Sandkorn 65, Tarifa, angelangt.

Birgit Hofmann Birkenhall,
„Kleines Korn ganz groß", Seite 80

Gefährliches Delta

Es gelte die höchste Sicherheitsstufe, warnte Alagoa Morris, ehe wir in einem Schnellboot ins Labyrinth des Nigerdeltas aufbrachen. Unser Ziel war der abgelegene Ort Okpotuwari, wo seit Monaten Rohöl aus einer Pipeline des italienischen Konzerns Agip austrat und die Gewässer und Böden des Umlands verschmutzte. Morris, ein pensionierter Beamter und Umweltschützer, war ziemlich nervös, denn Aktivisten wie er werden von staatlichen Behörden, die mit den Ölmultis kooperieren, verfolgt und regelmäßig eingesperrt. Er wurde noch nervöser, als wir 40 Minuten nach der Abfahrt auf einen Militärposten am Flussufer zutuckerten. Er gebot uns, mit erhobenen Händen im Boot zu stehen und ruhig zu bleiben, denn nigerianische Soldaten reagieren oft ziemlich unberechenbar.

„Woher? Wohin?", bellte der Chef der Einheit und richtete sein Sturmgewehr auf uns. Zum Glück entspannte sich die Lage, denn unser Begleiter kannte den Offizier, sie hatten sogar gemeinsame Verwandte. Morris erklärte unser Anliegen und

Auf dem Kamelmarkt in Agadez, Niger

machte einige witzige Bemerkungen. Schließlich durften wir passieren, allerdings mussten wir noch 50 Dollar abdrücken – eine Art „Flussfahrgebühr". So sei das eben hier, meinte Morris, die Soldaten würden sich wie Wegelagerer verhalten.

Dabei zählen korrupte Militärs eher zu den einfacheren Hindernissen, wenn man im Nigerdelta unterwegs ist. Man kann jederzeit in die Fänge marodierender Milizen und selbst ernannter Befreiungsbewegungen geraten. Das gilt mittlerweile für das ganze Land. Nigeria gehört zu den gefährlichsten Einsatzgebieten für Journalisten. Vor allem im Nordosten, wo die islamistische Terrororganisation Boko Haram wütet, kommt es fast täglich zu tödlichen Anschlägen.

Auch in bislang ruhigen Gegenden hat sich die Sicherheitslage verschlechtert, Geiselnahmen und Lösegelderpressungen nehmen zu. Bei meiner letzten Dienstreise als Afrikakorrespondent des „Spiegels" recherchierte ich in Benin City über die Rückgabe kolonialer Raubgüter. Ich wollte ein historisches Monument außerhalb der Stadt besichtigen, doch niemand war bereit, mich dorthin zu fahren.

Ein Taxifahrer sagte zu mir: „Du bist ein weißer Ausländer. Das Risiko, dass du entführt wirst, ist zu hoch." Ich war erstaunt, denn dieser Teil Nigerias kam mir im Vergleich zum Nigerdelta ziemlich harmlos vor.

Bartholomäus Grill,
„Verdammtes Öl", Seite 30

Fotos Seite 1: © Ragnar Axelsson; Seite 2 unten: © Birkenhall/Burkhardt; oben: © Ricci Shryock

MEHR INFORMATIONEN ERHALTEN SIE BEI DEN UNTEN GENANNTEN
PATEK PHILIPPE PARTNERN SOWIE IM AUTORISIERTEN FACHHANDEL.

EINE VOLLSTÄNDIGE LISTE UNSERER PARTNER IN DEUTSCHLAND
FINDEN SIE AUF PATEK.COM

AUGSBURG Hörl | FÜRTH Kuhnle | HAMBURG Mahlberg | INGOLSTADT Dührkoop | KÖLN Gadebusch | MINDEN Laufer
MÖNCHENGLADBACH Krebber | MÜLHEIM AN DER RUHR Laerbusch | MÜNSTER Oeding-Erdel | RECKLINGHAUSEN Exner | REGENSBURG Mühlbacher
STUTTGART Kutter | ULM Scheuble | WESTERLAND/SYLT Krause | WIESBADEN Oberleitner | WÜRZBURG Fischer

WEMPE
PRÄSENTIERT
Ikonen der Zukunft
ULYSSE NARDIN
ULYSSE NARDIN
FREAK X 43 MM
Spektakuläres Design trifft ausgezeichnete Präzision. Ein innovatives Flugkarussell-Uhrwerk, das sich um die eigene Achse dreht, präsentiert die Uhrzeit ohne Zifferblatt und Zeiger. Das Titan/PVD-Gehäuse hat einen Durchmesser von 43 mm. Ein dunkelblaues Lederband mit Titan-Faltschließe rundet die Kreation ab.
AN DEN BESTEN ADRESSEN DEUTSCHLANDS UND IN NEW YORK, PARIS, LONDON, WIEN, MADRID – WEMPE.COM

Liebe Leserin,

lieber Leser,

es gibt Gegenden in der Welt, da sind selbst die grundsätzlichsten Angaben ungewiss. Angaben von sieben bis 30 Millionen Einwohnern, 15 000 bis 70 000 Quadratkilometer Fläche oder 7000 bis 15 000 Kilometer Ölpipelines fand ich als Informationen über das Nigerdelta auf die Vorbereitung dieser Zeilen. Solche Ungenauigkeiten wären in Europa unvorstellbar. Aber eben nicht für das Dasein der Bewohner eines Gebiets so groß wie Irland (oder eben auch Portugal, je nach Quelle), die fern unserer Alltagsrealität und fern Europas seit über 60 Jahren um ihre Rechte, ihre Natur – ihr Leben kämpfen.

1956 begann das Elend mit dem ersten Ölfund. Auf die Idee, dass von dem Öl die Bewohner des Nigerdeltas profitieren sollten, folgte der Krieg um die Unabhängigkeit der Deltaregion Biafra mit mehr als einer Million Opfern aufseiten der Separatisten. Da an der Exploration Unternehmen wie Shell, ExxonMobil, Chevron, Total, Elf oder Agip beteiligt waren und sind, unterstützten die jeweiligen Nationen die Regierungstruppen erfolgreich. Und im Grunde hat sich daran bis heute nichts geändert. Es fließen bis zu 44 Millionen Liter Öl jährlich aus geborstenen Pipelines, die Lebenserwartung im Delta sank um zehn Jahre, und das Volk der Ogoni, seine Bewohner, kämpft zwar nicht mehr um den ihm zustehenden Reichtum, aber zumindest um seine Natur, seine Lebensgrundlage – bescheiden angesichts der Interessen der Industrienationen.

Vor fast 100 mare-Ausgaben, im Frühjahr 2006, veröffentlichten wir die preisgekrönte Fotoreportage von Sophia Evans über die Zustände im Delta. Den Text schrieb für uns Ken Wiwa, Sohn des 1995 hingerichteten Menschenrechtlers Ken Saro-Wiwa. Nun richten wir wieder den Blick auf das Nigerdelta. Für die vorliegende Ausgabe beauftragten wir den Afrikaspezialisten Bartholomäus Grill mit einem Report zur Geschichte und dem Status quo des Lebens der Ogoni.

Auch wenn die Ogoni erste Erfolge auf Entschädigungen 2021 vor dem höchsten Gericht Großbritanniens erringen konnten, zeigen die 111 Millionen US-Dollar, die Shell für die Beseitigung der Ölverschmutzungen nun zahlen muss, angesichts des fast 30-jährigen Rechtsstreits und der 18 Milliarden Dollar Gewinn (sic!) von Shell im zweiten Quartal 2022, dass die Interessen der multinationalen Konzerne nicht einer historischen Einsicht in unermessliche Ungerechtigkeit entsprechen. Das Nigerdelta existiert eben nicht in unserer Alltagsrealität, und unsere Empathie reicht nicht über die südlichen Ufer des Mittelmeers hinaus. Deswegen werden wir darüber immer wieder auch in mare berichten.

Viel Spaß beim Lesen wünscht Ihnen

Nikolaus Gelpke

Inhalt

Reportage: Ikonische Mittelmeer-architektur für Frankreichurlauber

Schatztruhe: Ganz ohne rechte Winkel – Piet Mondrians Frühwerk

Politik: Der himmelschreiende Frevel der Ölmultis im Nigerdelta

Politik: Wie eine Afroamerikanerin in Frankreich den Himmel eroberte

Titel: Der Hund – unser bester Freund, Retter, ja sogar Lebensgrundlage

Kultur: Neapel – zum Verzweifeln schön, die launische Bellissima

Wirtschaft: Kühne Technikträume von einst sind jäh gescheitert

Titelbild

Das Foto eines Labradors der italienischen Wasserrettungsstaffel beim Training in der Adria gelang dem Berliner Fotografen Jan Windszus bei der Arbeit an unserer Reportage über „Fellhelden“.

RUBRIKEN

Übrigens: *Ein schöner (Heft-)Rücken kann auch entzücken. Ein Fisch ist ein Fisch ist ein Fisch …*

Anzeige

1 JACKSONVILLE
Bessy will fliegen! Aber in Amerika dürfen Schwarze nicht fliegen lernen! Also macht sie in Frankreich den Pilotenschein. Doch die USA bleiben ihre Tragödie.
Seite 38

2 BERMUDA
Sie wollte uns nicht verraten, auf welcher Insel sie wohnt. Das ist verständlich. Denn sonst würden ihre Fans zu ihr hinüberrudern. Aber Mrs. Nova hat uns allerlei anderes erzählt.
Seite 96

3 ATLANTIK
In den 1970ern war ganz schön was los unter Wasser. Zum Beispiel: In einer Stunde von London nach New York in einer Ozeanrakete. Pardon? Ach, war nur eine (Männer-)Fantasie.
Seite 108

4 STAFFORDSHIRE
Queen Victorias Spaniel Dash erlangte Kultstatus. Und wurde zum Vorbild für Porzellanhunde, die Matrosen als Mitbringsel nach Hause brachten. Mit Bordellen hat das auch zu tun. Aber vorwiegend in der Fantasie.
Seite 60

5 TALLINN
Fischer essen den frisch gefangenen Fisch roh, aus der Hand. Keine Sorge, im Restaurant geht es nicht ganz so archaisch zu. Da wird das Tier mariniert, mit Rosa Pfeffer und – Wodka!
Seite 72

6 LANGUEDOC
Designfreaks umschwärmen sie wie Insekten das Licht: La Grande-Motte, eine Touristenmassenunterkunft der 1970er, von Charles de Gaulle lui-même *initiiert. Ziemlich toll, das Ding.*
Seite 12

7 CAORLE
Lizenz zum Lebenretten gefällig? Rettungsschwimmerprüfung machen, einen 25 Kilo schweren Hund besitzen, ab ins Wasser, üben, üben, üben. Chic gekleidet sind Hund und Mensch am Ende auch. Italiener eben.
Seite 64

8 NEAPEL
Zwei Seelen wohnen, ach, in ihrer schon von Goethe besuchten Brust: Napoli, die strahlend Helle, Napoli, die verworfen Abgründige.
Seite 88

No. 154 mare Die Schauplätze

Karte: mare/RB+MKB-Deskkart

9 GOLF VON AKABA
In diesem Unterwassersalzsee leben Extremophile, Mikroorganismen, die in Laugen existieren können. Noch extremer ist, dass Aale dort hinabtauchen, um ohnmächtig gewordene Tiere zu futtern. Spooky Unterwelt.
Seite 126

10 NIGERDELTA
Im Kanu durch den Urwald gleiten, Papageien kreischen, alles idyllisch. Doch dann: Das Wasser wird schwarz, stinkt. Was 'n hier los? Öl läuft aus und verseucht alles! 44 Millionen Liter jährlich!
Seite 30

11 PHILIPPINISCHE SEE
Trostloser Rekord: 6895 Meter unter Null liegt das tiefste jemals entdeckte Wrack, ein Kriegsschiff, das 1944 sank. Ein amerikanischer Rekordfan (sonst besteigt er Berge und vermisst Meerestiefen) hat es gefunden. Fragt sich nur: What for?
Seite 124

12 POINT NEMO
Möge deine raketengetriebene Seele ihre Ruhe finden und möglichst niemanden stören. So war das gedacht mit dem Weltraumschrottfriedhof. Und so soll es sein. In Ewigkeit. Kein Amen.
Seite 74

13 NOME
In Alaska ist die Diphtherie ausgebrochen. Kinder sterben innert Tagen. Doch Rettung naht: Wackere Schlittenhunde bringen das Serum. Viele von ihnen hätten Heldenstatus verdient, doch nur einer wird berühmt.
Seite 44

Die mare-Weltkarte

Der Versuch, den Globus auf eine Weltkarte zu projizieren, quasi die Quadratur der Kugel, ist ohne Kompromisse zum Scheitern verurteilt. Und so sind es stets die Meere, die auseinandergerissen und verzerrt dargestellt werden. mare beschreitet mit seiner Weltkarte den umgekehrten Weg: Nach einer Projektion von Athelstan Spilhaus präsentieren wir die Meere und ihre Küsten so, wie sie tatsächlich zusammenhängen.

Das blaue Telefon

Ihre mare-Hotline in die unerforschten Weiten und Tiefen der Meere

Ihre maritimen Fragen können Sie per Telefon (0800/218 218 2, gebührenfrei) oder E-Mail (wat@mare.de) stellen. Diesmal antworten Ihnen Nina-Marie Lešić und Simon Wett von MARUM – Zentrum für Marine Umweltwissenschaften der Universität Bremen sowie Yannis Kappelmann vom Leibniz-Zentrum für Marine Tropenforschung.

Trägt schmelzendes Meereis zum Meeresspiegelanstieg bei?

Frage an die mare-Redaktion

Der globale Meeresspiegel steigt immer weiter an und sorgt für langfristige und weitreichende Gefährdungen für viele Menschen und ihre Umwelt. Für Hochrechnungen und Modelle müssen Forschende genau wissen, wie und welche Arten von Eisschmelzen den Meeresspiegel beeinflussen. Dabei gilt das archimedische Prinzip: Im Gegensatz zu Eisschilden an Land verursacht schwimmendes Eis durch sein Abschmelzen keine signifikante Volumenänderung und trägt daher nur sehr geringfügig zum Anstieg bei. Das trifft vor allem auf Schelfeis und Meereis zu. Trotzdem hat ihr Abschmelzen fatale Folgen. Aber warum? Schelfeis schwimmt zwar zu großen Teilen im Wasser entlang der Küste, ist jedoch mit den Eisschilden auf dem Land direkt verbunden und stabilisiert sie. Meereis kann die empfindlichen Schelfe vor Einflüssen des offenen Ozeans schützen und Sonneneinstrahlung ins All reflektieren. Dadurch helfen sie, die Wassertemperatur zu regulieren. Schmilzt es, sind Eisschelfe dem Ozean, seinen Wellen und erhöhten Wassertemperaturen ausgesetzt und können kollabieren, wodurch der Gletscherfluss beschleunigt wird. Die Schmelze und Destabilisierung dieses komplexen Systems ist daher ein fataler Beschleuniger für den Meeresspiegelanstieg. Die Veränderung von Meereis an den Polen über die vergangenen Jahre kann auf www.meereisportal.de eingesehen werden.

Schmelzendes Meereis lässt den Meeresspiegel nicht steigen, schützt aber Eisschelf und Gletscher

Hatte die Ölpest im Golf von Mexiko Auswirkungen auf den Golfstrom?

Markus Schaan, Kruft

Die Havarie der Bohrplattform „Deepwater Horizon" im Golf von Mexiko und die anschließende Ölpest im Jahr 2010 sind die bisher verheerendsten Umweltkatastrophen ihrer Art. Neben den Folgen für die unmittelbare Umgebung wurden kurz nach Beginn der Katastrophe Befürchtungen laut, dass Teile der Ölwolke in den Golfstrom geraten und so in Richtung Ostküste Nordamerikas oder sogar nach Europa transportiert werden könnten. Der Golf von Mexiko ist eine tiefe Bucht, die größtenteils vom amerikanischen Festland eingeschlossen und über zwei nah beieinander gelegene Meerengen mit der globalen Meeresströmung verbunden ist. Durch die beiden Meerengen passiert der sogenannte Schleifenstrom den Golf von Mexiko und schleust warmes karibisches Wasser in den Atlantik. So mündet der Schleifenstrom, wie der Name vermuten lässt, in den Golfstrom und treibt ihn an. Natürliche Schwankungen führen zu unterschiedlichen Ausprägungen des Schleifenstroms. Einerseits kann der Strom die Bucht in Form einer großen Schleife durchqueren, sie manchmal aber auch geradlinig und schnell wieder verlassen. Während den Monaten der Katastrophe war das geradlinige Strömungsmuster ausgeprägt, wodurch das Öl kaum in die Zirkulation geriet und die Kontamination weitgehend auf das Katastrophengebiet beschränkt blieb.

Zwar gibt es Berichte, dass kleine Mengen Öl auf der Wasseroberfläche den Schleifenstrom erreichten, es wurden aber keine größeren Verschmutzungen außerhalb des Golfs gemeldet. Auch wenn man in diesem Fall von Glück reden kann, so bleibt angesichts der bis heute andauernden gravierenden Belastung der Ökosysteme und Menschen eine gewisse Bitterkeit.

Reine Glückssache: Die Ölkatastrophe der „Deepwater Horizon" verschonte wenigstens den Golfstrom

Was bedeuten die verschiedenen waagerechten Striche am Rumpf von Schiffen?

Sylvia Grandinetti, per E-Mail

Wer einmal in einem kleinen, Boot saß, weiß: Beladene Boote liegen tiefer im Wasser als unbeladene. Das Gleiche gilt auch für Ozeanriesen. Um bei jedem Seegang eine sichere Lage des Schiffs zu gewährleisten, ist ausreichend Abstand zwischen Wasserlinie und Deck nötig. Dieser Abstand wird Freibord genannt und verringert sich, wenn sich der Tiefgang des Schiffs vergrößert. Wie tief es im Wasser liegt, hängt von der Ladung ab. Allerdings ist der Tiefgang bei gleicher Beladung nicht überall gleich groß. Denn neben der Beladung beeinflusst auch die lokale Wasserdichte, wie tief ein Schiff liegt. Der minimale Freibord für verschiedene Verhältnisse wird durch bis zu sechs waagerechte Striche und Kürzel, sogenannte Lade- oder Plimsollmarken (mare No. 69), am Rumpf gekennzeichnet. So steht beispielsweise „F" für Süßwasser, „T" für tropisches Seewasser und „WNA" für die Winterverhältnisse im Nordatlantik. Weshalb aber beeinflusst die Dichte des Meerwassers den Tiefgang eines Schiffs? Nach dem archimedischen Prinzip schwimmt ein Schiff in Wasser, wenn dessen Auftriebskraft größer ist als die Gewichtskraft. Dabei wird die nach unten gerichtete Gewichtskraft bestimmt durch das Eigengewicht des Schiffs, die nach oben gerichtete Auftriebskraft durch das Gewicht des verdrängten Wassers. Wird das Schiff beladen, nimmt dessen Gewichtskraft zu, und es sinkt tiefer ins Wasser ein. Das Gleiche passiert, wenn das Schiff in Gewässern mit geringerer Dichte fährt. Durch die geringere Dichte ist auch das Gewicht des verdrängten Wassers geringer. Die Auftriebskraft nimmt ab, das Schiff liegt tiefer im Wasser. Zum Beispiel beim Einfahren nach Hamburg kann das entscheidend sein, denn im Süßwasser der Elbe haben die Schiffe mehr Tiefgang als in der salzigen Nordsee.

Dank Archimedes: Lademarken zeigen erlaubte Eintauchtiefen in unterschiedlicher Wasserdichte

Auf zu wilden Ufern

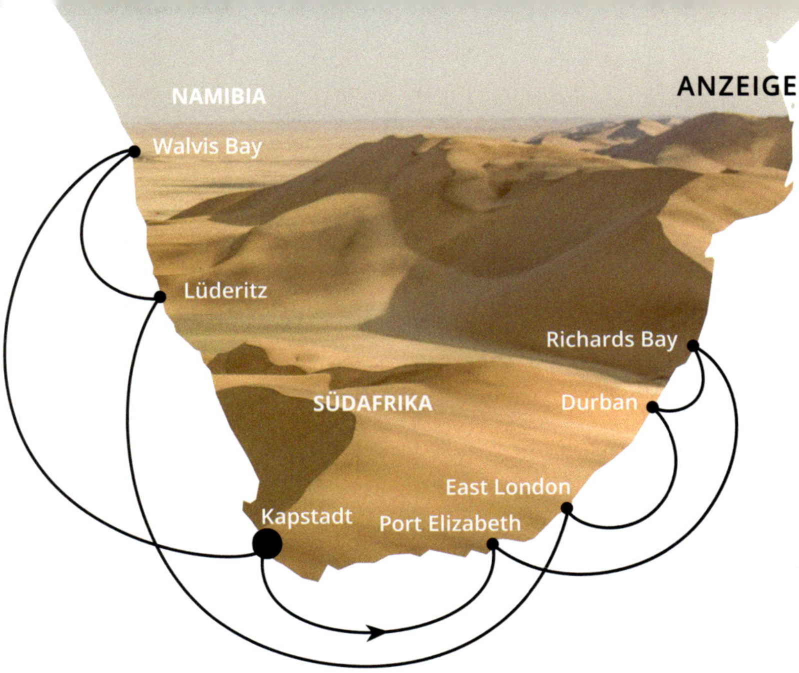

Endlose Wüste trifft auf wilde Natur, faszinierende Städte schmiegen sich an spektakuläre Landschaften: Die Küsten Namibias und Südafrikas sind ein Eldorado für Abenteurer und Entdecker.

Bunt, wild und überwältigend schön

Die Vielfalt Namibias ist ein Gesamtkunstwerk: Zebras und Giraffen am Wasserloch, traditionelle Kulturen, warmherzige Menschen und direkt hinter der Küste erstreckt sich das Dünenmeer der Namib. Inmitten des rot-orangenen Wüstensands nahe Lüderitz liegt Kolmanskop. Glücksritter suchten hier einst Diamanten. Heute holt sich die Wüste die Geisterstadt nach und nach zurück – ein unvergessliches Lost-Places-Erlebnis.

Der schillernde Star Südafrikas ist eindeutig Kapstadt. Die Hauptstadt beeindruckt mit pulsierendem Großstadtflair und einem spektakulären Hinterland. In den zahlreichen Nationalparks zeigt sich die wilde Seite Afrikas. Die Chancen, den „Big Five" – Elefant, Nashorn, Büffel, Löwe und Leopard – in freier Natur zu begegnen, stehen dort bestens. Ein Paradies für Sonnenanbeter ist die Sunshine Coast. Von Port Elizabeth bis East London locken einsame Lagunen und goldene Sandstrände.

Das Abenteuer Afrika

Zu schön, um wahr zu sein? Im Winter 2022 können Sie Namibia und Südafrika bequem auf einer Kreuzfahrt ab/bis Kapstadt erleben. Unser Tipp für alle, die intensive Reiseerlebnisse lieben, Land und Leute entdecken wollen und einzigartige Ausflüge suchen. Alle Informationen zu den AIDAselection Entdeckerreisen gibt es auf *aida.de/selection*

Ein unvergessliches Abenteuer:
Jetzt scannen und davonträumen.

Sanfte Riesen hautnah erleben

AIDA Cruises · German Branch of Costa Crociere S.p.A. · Am Strande 3d · 18055 Rostock

Bequem und entspannt per Schiff reisen

Bo-Kaap – Kapstadts buntestes Stadtviertel

La Grande-Motte an Frankreichs Languedoc-Küste wurde einst als futuristischer Tummelplatz des Massentourismus verspottet. Heute ist die Retortenstadt eine geachtete Ikone der Architekturgeschichte

LA GRANDE-MOTTE

Von Rob Kieffer

Architekt Jean Balladur kooperierte auch mit Künstlern. Hier ist er mit der Bildhauerin Joséphine Chevry auf der Baustelle, 1970

Unten **Südseite der großen Pyramide. Der Wellengarten besteht aus weißen Mauern und Ziegelboden.**
Rechte Seite **Präsident Charles de Gaulle wollte seine Landsleute im eigenen Land urlauben lassen. La Grande-Motte war Chefsache**

„Wenn ich Gott wäre, würde ich Architekten misstrauen! Sie sind die subversiven Instrumente des geheimnisvollsten Projekts der Menschheit: der Rekonstruktion des verlorenen Paradieses.“

Jean Balladur

Oben **Jean Balladur hatte Brasília besucht. Oscar Niemeyers geschmeidige Linien begeisterten ihn, und er entwarf ebenso schwungvoll.**
Rechte Seite **La Grande-Motte als Kultort der Ästheten: Auch Fotografielegende Henri Cartier-Bresson lichtet die Touristenstadt 1974 ab**

LIBRE SERVICE

Sollte der Architekt das pharaonische Projekt nicht erfolgreich aus den Dünen emporwachsen lassen, sondern es sprichwörtlich in den Sand setzen und vermasseln, seien die Tage seiner Karriere gezählt. Pierre Racine, Ministerialrat und oberster Auftraggeber von Jean Balladur, drohte ihm: „Wenn Sie scheitern, nun ja, dann schneide ich Ihnen den Kopf ab." Die Anfang der 1960er-Jahre ins Leben gerufene staatliche „Mission Racine", benannt nach dem einflussreichen Politiker, war eines der größten urbanen Abenteuer nicht nur in Frankreich, sondern in ganz Europa. Architekt Jean Balladur wurde zum Hauptschöpfer dieses utopischen Unterfangens bestimmt.

Präsident Charles de Gaulle wollte nicht länger zusehen, wie seine Landsleute in den Sommerferien zu den Stränden der spanischen Costa Brava oder der italienischen Riviera ausbüxten. Lieber war es den Regierenden, wenn „Monsieur Dupont", der Durchschnittsfranzose, sein durch Nachkriegswohlstand gestiegenes Urlaubsbudget im eigenen Land ausgab. Doch wo? Die klimatisch launigen Atlantikküsten von Bretagne und Normandie taugten nicht zum Brutzeln in der Sonne. Und die villengesäumte Côte d'Azur war für die Schickeria erschwinglich, nicht aber für Arbeiter- und Mittelklassefamilien. Dabei bot sich am 180 Kilometer langen Mittelmeerstreifen zwischen Perpignan und Montpellier unberührtes Terrain mit weiten Sandstränden und viel Sonne. Sumpfige Einöden und buschig-dornige Stierweiden, von den Winden Mistral und Tramontane gepeitscht, hatten jedoch die Konstruktion von Resorts, Hotels und Campings bis dahin verhindert. Obendrein waren der Feriensound hier nicht die „tubes de l'été", die Sommerschlager von Sylvie Vartan, Charles Trenet und Joe Dassin, sondern das Summen gnadenloser Stechmückengeschwader.

De Gaulle machte die Erschließung der vernachlässigten Küstenlandschaft der Region Languedoc-Roussillon, heute in Region Okzitanien umgetauft, zur Chefsache. Mit der administrativen Umsetzung beauftragte er seinen Vertrauten Pierre Racine. Zuerst mussten Chemikalien, die heute auf der Schwarzen Liste stehen, mit Flugzeugen versprüht werden, um die Moskitoplage zu bekämpfen. Zur Erschließung der Grundstücke wurden Dämme und Deiche errichtet und Millionen Tonnen Sand bewegt. Von 1963 bis in die 1980er-Jahre entstanden sechs maßgeschneiderte futuristische Seebadstädte mit Hunderttausenden Ferienbetten.

Das Prestigeprojekt der „Mission Racine", gekennzeichnet von gewaltigen Ausmaßen und architektonischer Gewagtheit, war La Grande-Motte, 20 Kilometer südöstlich vom geschichtsträchtigen Montpellier entfernt. Jean Balladur nahm sich dieser 750 Hektar großen Baustelle an und widmete ihr, unterstützt von weiteren Planern, Designern, Landschaftsgärtnern und Künstlern, mehr als 30 Jahre seines Lebens. Entstehen sollte eine bis ins kleinste Detail konzipierte touristische Idealstadt mit allen nur erdenklichen Infrastrukturen. Der Erfolg dauert bis heute an. La Grande-Motte zieht im Hochsommer mehr als 100 000 Touristen an und zählt fast 9000 ganzjährige Bewohner.

Balladur ließ sich von sozialen und humanistischen Grundideen treiben. 1924 in der Türkei geboren, im Zweiten Weltkrieg Résistancekämpfer, hatte er in Paris Literatur und Philosophie studiert. Er war mit Jean-Paul Sartre befreundet gewesen, an dessen Zeitschrift „Les Temps modernes" er mitarbeitete, eher er sich mit ihm wegen unterschiedlicher Meinungen zum sowjetischen Gulag verkrachte. Erfahrungen in der Architektur sammelte er während eines Praktikums bei dem Architekturidol Le Corbusier. Seine ersten Realisationen waren noch von den sachlichen, rechtwinkligen Dogmen des Bauhauses geprägt. Reisen in ferne Länder und zu versunkenen Zivilisationen inspirierten Balladur zu einem visionären und verspielten Stil, den er in seiner ganzen Konsequenz und Keckheit in La Grande-Motte umsetzte. Die aufstrebenden Formen der ersten Konstruktionen, Pyramidenhochhäuser mit Ferienapartments, entlehnte er den Stufenpyramiden von Teotihuacán in Mexiko. Es war, als hätten sich die Azteken in die Moderne verirrt. Wohl wissend, dass die zukünftigen Gäste hauptsächlich an See und Sonne interessiert sein würden, richtete Balladur die Wohneinheiten schräg zum Meer aus. So konnten doppelt so viele Apartments mit Meerblick untergebracht werden. Die Silhouette der Pyramidenresidenzen war eine Hommage an die Berge der Cevennen.

In Brasília, der aus dem Nichts erschaffenen brasilianischen Hauptstadt, ließ sich Balladur nicht nur von Oscar Niemeyers Stahlbetonästhetik beeinflussen, sondern auch von dessen Faible für geschmeidige Linien. In La Grande-Motte haben die Fassaden Wabenmuster, werden aufgelockert von Bögen und Biegungen. Die Balkonbrüstungen sind schwungvoll wie Wellen, gerundet wie Sonnenbrillen oder Bikinis. Straßenlaternen tragen Feenmützen, Fontänen sprudeln aus nachgemachten Mündern, man stößt auf animalische Formen wie Muscheln oder Dinosauriermäuler. Wie ein architektonisches Yin und Yang sollen kontrastierende Hüllen eine harmonische Gestaltung inszenieren: einerseits das zentrale Viertel Levant mit strengen kantig-maskulinen Formen, andererseits das Quartier Couchant mit sinnlichen weiblichen Rundungen. Die Namen der Bauten sind mythisch-exotisch: Acapulco, Babylone, Eden, Fidji, Poséidon. Als sich in Frankreich die Kunst im öffentlichen Raum noch auf das Errichten von Kriegerdenkmälern beschränkte, lud Balladur avantgardistische Künstler ein, die Promenaden, Patios und Kinderspielplätze mit erfrischend versponnenen Skulpturen schmückten.

Jean Balladur war sich der Hybris des titanischen Plans durchaus bewusst. Er sagte selbstironisch: „Wenn ich Gott wäre, würde ich Architekten misstrau-

Lesen Sie bitte weiter auf Seite 26

Anzeige
EXPEDITION CRUISES
ANTARKTIS
MEHR ALS EIS
KLEINE SCHIFFE FÜR GROSSE ABENTEUER
Willkommen in der Welt der Pinguine.
Erleben Sie die Antarktis intensiv mit der
neuen Expeditionsklasse und nie mehr
als 199 Gästen an Bord.
www.hl-cruises.de/mare
HAPAG 18 91 LLOYD
CRUISES

Das Abenteuer ruft:
die neue Expeditionsklasse von
Hapag-Lloyd Cruises
HANSEATIC nature
HANSEATIC nature
Jetzt Abenteuer entdecken
DREI BAUGLEICHE EXPEDITIONSSCHIFFE:
HANSEATIC nature, HANSEATIC inspiration & HANSEATIC spirit
• Unberührte Regionen erkunden:
kleine, hochmoderne Schiffe auf spektakulären Routen
• Expedition pur:
Natur ganz intensiv bei Zodiacfahrten und Anlandungen
• Horizonte erweitern:
Crew und Wissenschaftler mit weltweiter Expertise
• Sicherheit am Ende der Welt:
dank höchster Eisklasse für Passagierschiffe
• Reisen mit Respekt:
modernste Umwelttechnik, 100 % Schweröl-frei
• Sternstunden für Entdecker:
höchste Standards bei Service und Ausstattung

UNSERE ENTDECKERFLOTTE

Wenn Wale zum Freudensprung ansetzen und Robben zum Eisbad abtauchen, werden Sie keinen Moment verpassen. Die Basis dafür sind unsere kleinen Expeditionsschiffe mit einem Höchstmaß an offenen Decksflächen. Geringer Tiefgang und hohe Manövrierfähigkeit bringen Sie auch dort weiter, wo große Kreuzfahrtschiffe beidrehen müssen. Auf dem Umlauf am Bug oder den gläsernen Balkonen sind Sie immer mitten im Erlebnis.

SPEKTAKULÄRE ROUTEN WELTWEIT

Das Authentische ungefiltert auf sich wirken lassen. Umwege nicht als Zeitverzögerung ansehen. Ungeplantes als Inspiration verstehen. All das erwartet Sie auf jeder Expedition und macht diese so außergewöhnlich. Eis und Tropen, nah und fern, lange und kurze Reisen. Ob Arktis und Antarktis, Spitzbergen, Great Lakes, Amazonas, Chiles Fjorde, Japan, Südsee oder Europas Inselwelten – freuen Sie sich auf spannendes Neuland.

FREIHEITSGEFÜHLE UND HÖCHSTER KOMFORT

Das von der Natur inspirierte Schiffsdesign schafft eine Wohlfühlatmosphäre in allen 120 Außenkabinen. Wie genussvoll und vitalisierend eine Expedition sein kann, beweisen drei Restaurants, das großzügige Spa und das vielfältige Sportangebot – immer inklusive Meerblick. Gekrönt vom Service einer 175-köpfigen Crew für die nie mehr als 230 Gäste (199 bei Antarktis-Expeditionen).

MEHR WISSEN, MEHR ENTDECKEN

Jede Expedition bietet Ihnen durchgehend Möglichkeiten, sich neues Wissen über die Wunder der Welt anzueignen. Die modernen Schiffe dienen dafür als Expeditionsbasis, Forschungsstation und Studienplatz. Ein Team erfahrener Experten bereichert jede Reise mit Fachwissen und Vorträgen. Sie lenken immer wieder Ihre Blicke auf das Besondere, das anderen Reisenden verborgen bleibt und das sich im bordeigenen Wissensatelier, der Ocean Academy, vertiefen lässt.

NACHHALTIGKEIT UND SICHERHEIT

Spektakuläre Expeditionen und Engagement für den Schutz der Natur gehen bei Hapag-Lloyd Cruises Hand in Hand. So nutzen wir etwa zur Emissionsreduzierung einen optimierten Schiffsrumpf, einen SCR-Katalysator und Landstrom. Dank höchster Eisklasse für Passagierschiffe und polarerfahrener Crew bewegen wir uns zudem verantwortungsvoll und sicher durch schützenswerte Gebiete. Angetrieben von schadstoffarmem Marine-Gasöl 0,1%.

EXPEDITION CRUISES

FASZINATION ANTARKTIS: DIE REISE IHRES LEBENS

Gigantische Eisberge, tausende Pinguine und imposante Wale: Dank unserer vielfältigen Reisetermine entdecken Sie die Wunder der Antarktis zu Ihrer Lieblingszeit. Kommen Sie an Bord unserer kleinen, eistauglichen Expeditionsschiffe (max. 199 Gäste) HANSEATIC nature, HANSEATIC inspiration und HANSEATIC spirit, und nehmen Sie Kurs auf eine Welt des Staunens.

EXPEDITION ANTARKTIS – JEDEN WINTER NEUE TERMINE:
Alle Reisen bis 2024 auf **www.hl-cruises.de/mare**

Reisebeispiel mit der HANSEATIC spirit in der Saison 2022/23:
12.02.–06.03.2023 | 22 Tage | Reise SPI2303
Von Ushuaia nach Montevideo über Süd-Shetland-Inseln, Antarktische Halbinsel, Süd-Orkney-Inseln, Südgeorgien, Falkland-Inseln
pro Person ab **€ 16.890**
Seereise SPI2303 (Doppelbelegung) inkl. Sonderflug und An-/Abreisepaket

Hapag-Lloyd Cruises,
eine Unternehmung der TUI Cruises GmbH,
Heidenkampsweg 58, 20097 Hamburg

Jean Balladur ließ sich von sozialen und humanistischen Idealen leiten. Das Praktikum hatte er bei Le Corbusier gemacht

Seite 19 **Organisch, leicht, farbenfroh: Auch in Details findet sich der Bruch mit dem rationalen Modernismus der 1960er.**
Linke Seite **Exotische Namen für Frankreichs Provinzsommerfrische: das Acapulco-Haus mit dem Yachthafen.**
Oben **Frankreichs lässiges Florida: Der Schweizer Starfotograf René Burri fühlte sich 1975 davon angezogen**

Die Gebäude wurden schräg zum Ufer gebaut.
So hatten doppelt so viele Apartments Meerblick
wie bei konventionellen Anlagen

Linke Seite **Farben wurden pointiert eingesetzt. Bunt sind vor allem Markisen.**
Oben **Traumurlaub für „Familie Dupont“: Die Magnum-Fotografin Martine Franck zeigt das Strandleben der 1970er-Jahre**

Die Ausmaße sind enorm. Jean Balladur hatte dem Projekt 30 Jahre seines Lebens gewidmet

en! Sie sind die subversiven Instrumente des geheimnisvollsten Projekts der Menschheit: der Rekonstruktion des verlorenen Paradieses."

Als 1968 die ersten Urlauber in die noch mit Baggern und Kränen verstopften Reißbrettsiedlungen einzogen, waren sie von der esoterischen Symbolik überfordert. Hingegen schätzten sie das architektonische Credo „Form folgt Funktion". Zu den praktischen Nutzen gehörten Oben-ohne-Baden, preiswerte Cocktails in den Diskotheken und Baguette wie beim Bäcker zu Hause. Die neu gewonnene Klientel fühlte sich wohl in der abgeschirmten und durchorganisierten Kunstwelt. Man brauchte die Bettenburgen nicht zu verlassen, da es alles vor Ort gab: Yachthafen, Spielcasino, Postamt, Einkaufszentrum, Sportplätze, Vergnügungsparks. Balladur hatte sogar an eine Kirche gedacht, die Église Saint-Augustin mit einer offenen Betonschleife als Kirchturm, in deren Kreis er eine alte Kirchenglocke mit dem Wappen von Heinrich IV. hängte.

Während die Presse La Grande-Motte als eine der Wüste entsprossene Traumdestination eines neuen französischen Floridas feierte, spotteten die Revolutionäre der 68er-Bewegung über „Sarcelles-sur-Mer", benannt nach einer Pariser Banlieue in hässlicher Plattenbauweise. Für die Kritiker war Balladurs Kreation schlichtweg Beton gewordener Größenwahn. Seine Kollegen verbannten ihn aus dem Redaktionskomitee von „L'architecture d'aujourd'hui".

Und heute? Mit ihren 50 Jahren ist La Grande-Motte gut gealtert. Während das spanische Benidorm zum „Manhattan des Mittelmeers" wucherte und die italienische Riviera durch urbanen Wildwuchs verschandelt wurde, hat La Grande-Motte ihre einheitliche Architektursprache bewahrt und ist erstaunlich vital geblieben. Der seinerzeit als Gruselbaustoff verschriene und mittlerweile rehabilitierte Beton hat sich als resistent gegen Wind und Meersalz erwiesen, auch wenn an manchen Stellen Fältchen geglättet werden müssen. Seit La Grande-Motte zum „Nationalen Kulturerbe des 20. Jahrhunderts" geadelt wurde, reisen Architekturbegeisterte aus aller Welt an, um den retrofuturistischen Look zu bestaunen.

La Grande-Motte ist eine Ökostadt vor ihrer Zeit. Jean Balladur, 2002 verstorben, hat Flaneuren, Radfahrern und Reitern mit schattigen, windgeschützten und sich schlängelnden Wegen breiten Raum gewährt. Um die Strände nicht zu verunstalten, wurden Autostraßen und Parkplätze mindestens einen halben Kilometer weiter nach hinten verbannt. Mit 70 Prozent begrünter und bewaldeter Fläche ist La Grande-Motte eine der naturreichsten Städte Frankreichs, eine Oase mit Pinien, Zypressen und Olivenbäumen sowie üppig blühenden Tamarisken und Lavendelbeeten. Balladur hatte das grüne Konzept bei der Planstadt Chandigarh abgeschaut. Die gemeinsame Hauptstadt der indischen Bundesstaaten Punjab und Haryana war Mitte des 20. Jahrhunderts von Le Corbusier als ultramodernes städtebauliches Experiment aus dem Boden gestampft worden und verschwenderisch ausgestattet mit Alleen, Parks, Rosengärten und Orchideenfeldern.

Die Zahl der Dauerbewohner steigt, auch wenn nicht wenige „Grands-Mottois" sich über den saisonalen Touristentrubel ärgern. Der Bevölkerungszuwachs hat nicht zuletzt mit rasant anziehenden Wohnungspreisen in den nahen Städten Montpellier, Arles und Nîmes zu tun. Wegen der ganzjährigen Einwohner ist die Stadt in Vor- und Nachsaison nicht tot. Sie hat sich zu einer auf zehn Quadratkilometern angewachsenen und sozial gemischten Gemeinde mit Rathaus, Schulen, Kongresszentrum entwickelt. Doch auch kurz verweilende Sonnenanbeter fühlen sich wohl wie in den Gründerjahren.

Für sie hatte Jean Balladur einen optischen Gag vorgesehen, der immer noch funktioniert. Einmal im Jahr, am Tag der Sommersonnenwende, versammeln sich die Leute auf der Fußgängerbrücke Saint-Jean, um einem raren Lichtspiel beizuwohnen. Dann fallen die Sonnenstrahlen in das elliptische Loch eines Brückenpfeilers ein, um einen perfekten Sonnenkreis auf den Gehweg zu projizieren. Das Spektakel spiegelt Balladurs Vision wider, der von Anfang an die schneeweiße, gezackte Skyline von La Grande-Motte als „Dekor für ein Fest von Sonne und Meer" vorgesehen hatte.

Rob Kieffer, Jahrgang 1957, war als Reporter schon oft an Frankreichs okzitanischer Küste. Die faszinierendste Sicht auf La Grande-Motte hatte er von oben, als das Flugzeug eine Schleife über dem Meer drehte, um zur Landung am Flughafen von Montpellier anzusetzen.

mareexpeditionen
Erleben Sie die Arktis und Nordnorwegen auf dem verlagseigenen Expeditionsschiff MS „Cape Race“ mit nur 12 Gästen
www.mscaperace.com
Im Sommer Eis, Gletscher und Eisbären in Spitzbergen – und im Spätherbst Nordlichter, Buckelwale und Orcas in den Fjorden vor Tromsø. Mit maximal 12 Gästen an Bord der liebevoll restaurierten MS „Cape Race“ erleben Sie das Nordmeer intensiv und individuell – ein Abenteuer mit Stil und Charme.
Alle weiteren Informationen finden Sie unter www.mscaperace.com/de oder Sie schreiben uns eine Mail an: info@mscaperace.com. Telefonisch erreichen Sie uns unter: 040/369 859-0.
CAPE RACE

Dünen

Fundstücke aus Kunst und Literatur

Wer an Piet Mondrian (1872–1944) denkt, sieht meist bunte Quadrate vor dem inneren Auge. Doch der niederländische Mitbegründer der Künstlervereinigung De Stijl war in seinen jüngeren Jahren noch kein Meister der Abstraktion. Das Bild „Dünenlandschaft" stammt aus dem Jahr 1911, als er nach Paris zog, wo er sich unter dem Einfluss von Braque und Picasso dem Kubismus zuwandte. Er sah sich zeitlebens als Landschaftsmaler; die Horizontalen und Vertikalen seiner berühmten Arbeiten seien die „reine Realität", die hinter der vordergründigen Realität verborgen bleibe. Der Feuilletonist Fritz J. Raddatz (1931–2015) liebte Sylt. Der passionierte Flaneur streifte stundenlang durch die Dünen seiner Insel, um danach am Schreibtisch die beim Spaziergang gefundenen Gedanken niederzuschreiben. Die Prager Dichterin Kateřina Rudčenková (geboren 1976) beschäftigt sich in ihrer Lyrik oft mit den Höhenflügen und Dissonanzen der Liebe. In „Über Dünen laufen" betrachtet das lyrische Ich mit bestimmter Nüchternheit einen Menschen, der keine Spuren hinterlassen will, weder im Sand noch im Leben. *zdb*

Fritz J. Raddatz

Aus: Mein Sylt

Sylt ist ein nicht enden wollendes, sich ständig erneuerndes stetes kleines Wunder: ob die zartlila Dünenveilchen – winzige Biedermeier-Stiefmütterchen – im vom Sonnenglast ausgedorrten Sand, der bunte Schatten, den die im rasenden Frühjahrswind grün-gelb-orange-farbenen Splitterscherben von gegeneinander scheppernden Ostereierbäumen werfen, oder der bleiche Finger des Leuchtturmfeuers, der durch den Novembernebel streift, als wolle er die Dünengespenster herbeistreicheln. Manchmal, in den Sommernächten, gibt ein schweigendes Meer weit draußen Sandrippen frei, der Wind schält Fetzen von der Haut des Meeres, und die winzigen Vögel, die Strandläufer in ihrer possierlichen Emsigkeit, bilden ein flatterndes Hohlsaummuster; manchmal hängen die Regentropfen wie Glasperlen im windgeschützten Dünengras, und dann wieder rinnt der Tau an den roten Hagebutten im Zwergenwald mit seinen kleinen kandierten Äpfeln wie flüssiger Zucker herab. Das Meer erzählt seine Märchen, sie haben je einen anderen Klang, eine immer andere Farbe, wechselnd zu jeder Jahreszeit.

Kateřina Rudčenková

Über Dünen laufen

Auch wenn du Rührung verspürtest
über den heftigen Farbton des Grüns
von Bäumen und Gräsern und kiefrigem Unterholz

Auch wenn du nostalgisch warst über den Rauch dieses Sommers
von verbranntem Gras und gegrilltem Fisch

Auch wenn die Kinder dich rührten
die noch nichts ahnend von den Restriktionen der Welt
schon jetzt nur
über gleichfarbene Steine hüpften

Unter all dieser Rührung aber
bliebst du in Enttäuschung ganz kalt
wie im sibirischen Wald ein eisiger Tümpel

Du schautest zurück, um sicher zu gehn
dass die ins Ufer gedrückten Spuren weggewaschen sind
weggewaschen, du warst nicht. Du wolltest nicht sein
wolltest dich nirgendwo mehr eindrücken

Aus dem Tschechischen von Christina Frankenberg

Piet Mondrian
„Duinlandschap“ (Dünenlandschaft), 1911,
Öl auf Leinwand, 141 mal 239 Zentimeter,
Gemeentemuseum, Den Haag, Niederlande

VERDAMMTES ÖL

Ölverseuchte Böden, skrupellose Konzerne, raffgierige Eliten, Armut und Terror: Ist das Nigerdelta noch zu retten?

Text: Bartholomäus Grill
Fotos: Akintunde Akinleye

Der enge Seitenarm des Flusses führt tief in die Sümpfe, unser Kanu kommt nur langsam voran. An den Ufern wuchern üppige Farne, Lianen, Bambusstauden, scharfstachelige Gewächse, überschattet von Urwaldbäumen mit mannshohen Brettwurzeln. Aus dem Blätterdach dringt das Sirren der Zikaden, manchmal ist das Knarzen von Hornschnäblern und Papageien zu hören. Ein unberührtes Paradies, denkt man, wild und schön wie auf den Gemälden Henri Rousseaus – wäre da nicht das ferne Knattern einer Kettensäge.

Nach einer halben Stunde wird es kirchenstill. „Wir nähern uns der Stelle", kündigt Keke Ziworitin an, ein Fischer, der unser Boot steuert. Plötzlich steigt ein penetranter Geruch in die Nase. Nach Wagenschmiere riecht es, nach Autowerkstatt und Getriebeöl. Dann schweben die ersten schwarzen Klumpen heran, eine zähe Masse, unlöslich wie in einer Emulsion. Und allmählich färbt sich das braune Wasser tiefschwarz, ein in allen Spektralfarben schillernder Film überzieht die Oberfläche. Wir gleiten über einen Ölsee, verklebte, ins Wasser hängende Äste versperren die Fahrrinne. Ziworitin schlägt sie mit seiner Machete ab, damit sie nicht die Kleidung verschmutzen.

Unversehens tauchen hinter uns zwei Frauen in einem Einbaum auf. Sie erzählen, dass sie alle zwei, drei Tage hierher paddeln, um die Fischreusen zu kontrollieren und Krabben und Schnecken zu sammeln. „Aber jetzt gibt es hier keine Fische mehr. Alles ist tot!", ruft die ältere der beiden Frauen. In einer Geste hilflosen Zorns reckt sie die Arme zum Himmel.

Ein schwüler Tag im November 2010. Es ist die dritte Recherchereise, die mich als Afrikakorrespondent ins Nigerdelta führt, und zum ersten Mal sehe ich in der Nähe des Dorfs Okpotuwari das volle Ausmaß einer Ölpest. Die Dorfbewohner kennen die Ursache: eine undichte Pipeline, aus der seit Monaten Zehntausende Liter Rohöl auslaufen. Aber sie können nichts dagegen tun. Hilflos müssen sie zuschauen, wie die Flussläufe absterben. Wie der pechschwarze Schlick ihre Gärten und Äcker erstickt. Wie ihre Existenzgrundlagen vernichtet werden.

Okpotuwari ist kein Ausnahmefall im Nigerdelta. Die Bevölkerung leidet unter den Kollateralschäden, die die Ölförderung durch multinationale Konzerne wie Shell, ExxonMobil, Chevron, Total, Elf oder Agip seit Jahrzehnten verursacht. Die genaue Zahl der „Betriebsunfälle" ist unbekannt. Allein in den letzten vier Jahren seien 3400 Lecks in Pipelines, Pumpstationen und Anlagen registriert worden, sagte Nnimmo Bassey. Das ist keine Übertreibung, sondern die offizielle Schätzung des nigerianischen Umweltministeriums.

Wir trafen Bassey vor der Fahrt ins Delta in der Wirtschaftsmetropole Lagos. Der Schriftsteller und Aktivist setzt sich an der Spitze der Umweltorganisation Environmental Rights Action (ERA) für die Rechte der Bevölkerung ein, für sein Engagement wurde er mit dem Alternativen Nobelpreis geehrt. Bassey hat hochgerechnet, dass jedes Jahr bis zu 44 Millionen Liter Rohöl auslaufen. Damit man sich unter dieser Menge etwas vorstellen kann, verweist er auf das Tankerunglück vor Alaska 1989. „Das entspricht einer ‚Exxon Valdez' im Jahr." Infolge der Havarie des Supertankers wurden 2000 Kilometer Küste verseucht, die Flora und Fauna des Meeres hat sich bis heute nicht davon erholt. Das Nigerdelta, laut Weltbank das „größte und komplexeste Süßwasserökosystem Westafrikas", zählt zu den meistverschmutzten Orten der Erde, 2013 hat es das Blacksmith Institute in New York erstmals in die Liste der weltweiten Top 10 aufgenommen.

Jährlich laufen 44 Millionen Liter Rohöl aus: Das entspricht einer „Exxon Valdez" im Jahr

In unserem Kanu sitzt auch Alagoa Morris, ein pensionierter Beamter und Aktivist, der das Desaster südlich von Okpotuwari im Auftrag der Umweltorganisation ERA dokumentiert hat. Im Feldbericht Nr. 249 schreibt er, dass die Dorfbewohner das jüngste Leck in der letzten Augustwoche gemeldet haben. Ende Oktober konnte er sich erstmals selbst ein Bild machen und Agip Nigeria als Verursacher benennen, einen Ableger des italienischen Energiekonzerns ENI. Aus den Pipelines der Firma, die hinaus in das Atlantikterminal Brass führen, ströme seit zwei Monaten eine unbekannte Menge Rohöl und verschmutze die Gewässer und Böden in Ogunugbene, Okpotuwari und weiteren Gemeinden, heißt es im Report. Damit der Ort des Geschehens nicht verwechselt wird, sind die genauen Koordinaten angegeben: 4° 57' Nord, 6° 20' Ost.

„Die geborstene Pipeline ist ein paar Kilometer von hier entfernt. Aber wir können nicht hinpaddeln", warnt Morris. Weil sich dort militante Banden herumtreiben, die das auslaufende Öl stehlen. Und weil unser wackliges Gefährt im Ölschlamm kentern könnte. Auch Ziworitin, der Fischer, drängt zur Umkehr. Schweigend bugsiert er das Boot durch das dystopisch anmutende Sumpfland. Unvergesslich der letzte Eindruck: Ein ölverklebter Krebs krabbelt aus der Brühe und versucht, sich auf eine Mangrovenstelze zu retten.

Im Nigerdelta, einem Schwemmfächer, der mit 70 000 Quadratkilometer Fläche ungefähr so groß ist wie Irland, leben rund 15 Millionen Menschen. Sie fischen in den weit verästelten Flussarmen und jagen *bushmeat*, Stachelschweine, Nagetiere, Affen. Auf ihren Äckern wachsen Feldfrüchte wie Kassave, Süßkartoffeln, Mais und Kochbananen. Die Frauen flechten Korbwaren, nähen Kleider, verkaufen Gemüse auf den lokalen Märkten. Die Männer arbeiten als Farmer, Holzfäller, Bootsbauer oder Palmweinzapfer. Das war seit Menschengedenken so.

Doch dann kam das unselige Jahr 1956, als auf ihrem Land die erste Ölquelle entdeckt und nach extensiven Probebohrungen herausgefunden wurde, dass unter dem Mündungsgebiet des Niger die reichhaltigsten Erdöllager Afrikas schlummern – es sollen rund 37 Milliarden Barrel sein. In den Hochzeiten werden jeden Tag bis zu 2,5 Millionen Barrel aus 600 Förderfeldern gepumpt. Mittlerweile ist zwar die Gesamtmenge gesunken und der Weltmarktpreis volatil, aber die ausländischen Unternehmen und der Staat machen nach wie vor satte Profite. Nigeria, der elftgrößte Erdöllieferant der Welt, erzielt 90 Prozent seiner Deviseneinnahmen durch Ölexporte.

Seite 30/31 **Ein Mann wäscht sich den Ruß aus dem Gesicht, kurz nach der Explosion einer Gasleitung bei Lagos. Hunderte Menschen kamen dabei ums Leben.** *Oben* **In einer illegalen Ölraffinerie in der Nähe des Flusses Nun im nigerianischen Bundesstaat Bayelsa**

Die Ijaw, Itsekiri, Ogoni und all die kleineren Flussvölker im Delta aber haben nichts von diesem Reichtum, im Gegenteil: Im Lauf der Jahrzehnte hat sich ihre Lage drastisch verschlechtert. Pipelines mit einer Gesamtlänge von 7000 Kilometern – manche Quellen sprechen von 13 000 Kilometern – zerschneiden ihr Land und ihre Dörfer; aus rostigen Leitungen, alten Pumpstationen und defekten technischen Anlagen sickert Öl. Nachts erleuchten gigantische Feuersäulen die Sümpfe – überschüssiges Gas, das mit Hochdruck aus der Tiefe schießt und abgefackelt wird. Die Luft ist verpestet, die Böden sind kontaminiert, das Trinkwasser enthält toxische Kohlenwasserstoffe und krebserregendes Benzol. Die Anwohner, vor allem die Kinder, werden oft krank. Die durchschnittliche Lebenserwartung ist nach Schätzungen humanitärer Organisationen auf 41 Jahre gesunken.

„Am Anfang waren wir alle glücklich über die Ölfunde und hatten große Erwartungen", erinnert sich Emmanuel Kokorifa. „Heute fragen wir uns: Was haben sie uns gebracht? Verluste, Verluste und noch mal Verluste." Kokorifa ist der Paramount Chief von Okpotuwari, das traditionelle Oberhaupt. Mit seinem Mississippi-Zylinder und dem weinroten Gewand sieht er aus, als sei er den „Abenteuern des Huckleberry Finn" entsprungen. Zur Begrüßung schenkt er billigen Cognac in Wassergläsern aus. „Das Öl bringt uns allmählich um", sagt er. „Unsere Anwälte haben Entschädigung von Agip gefordert, aber die wollen nicht zahlen."

Der alte Mann scheint nicht mehr daran zu glauben, dass der Rechtsweg irgendetwas bewirken könnte. Denn einem Heer von ausgefuchsten Konzernanwälten gelingt es immer wieder, Klagen abzuwehren, Ermittlungsverfahren zu verschleppen oder unerwünschte Urteile erfolgreich anzufechten. Allein gegen den Shell-Konzern wurden 500 Klagen eingereicht, doch bislang waren nur wenige erfolgreich.

Was sagt Agip zu dem Vorfall? Die nigerianische Firmenzentrale antwortet nicht auf meine E-Mail-Anfrage, auch am Telefon kann oder will niemand Auskunft geben. Immerhin bestätigt das Unternehmen in einer Presseerklärung, dass aus dem Leck in Osiama täglich bis zu 4000 Barrel Öl austreten, umgerechnet weit über eine Million Liter. Die Ursache sei auch bekannt: Sabotage. Das Unternehmen baut auf die bewährte Abwehrstrategie und kann dabei auf den Oil Pipeline Act verweisen. Das Gesetz, 1990 vom nigerianischen Parlament verabschiedet, besagt, dass keine Reparationen gezahlt werden müssen, wenn der Schaden durch kriminelle Akte herbeigeführt wurde.

„Die Hauptursache ist Sabotage durch militante Gruppen", erklärt auch Babs Omotowa. Er war damals, 2010, Vizepräsident von Shell Nigeria, zuständig für Infrastruktur und Logistik. Royal Dutch Shell ist der mit Abstand größte Ölförderer im Delta. Omotowa empfängt uns im Hauptquartier der Firmenniederlassung in der Kapitale Abuja. Gepflegte Rasenflächen, plätschernde Brunnen, hohe Hallen, viel Licht und Luft. Im Konferenzraum läuft ein Demonstrationsfilm; man sieht durch Sprengstoffanschläge zerfetzte Pipelines, illegale Raffinerien, die Barkassen von Rohöldieben. „Die staatlichen Behörden haben hochgerechnet, dass jeden Tag ungefähr 100 000 Barrel gestohlen werden", sagt Omotowa.

Der Shell-Manager kann sich bei diesen Schätzungen auf einen Gutachter berufen, den er vertraulich Mike nennt. Es handelt sich um Michael J. Cowing, der gerade mit einem Expertenteam des Umweltprogramms der Vereinten Nationen (UNEP) die Auswirkungen des Umweltdesasters im Ogoniland untersucht, wo Shell großflächig den Boden und die Gewässer verseucht hat. Cowing habe vorab erklärt, dass 90 Prozent der Leckagen auf illegale Abzapfungen und Sabotage zurückgehen würden. Sagt Omotowa.

Shell soll übrigens 9,5 Millionen Dollar zur Finanzierung der Studie beigesteuert haben. Der Vizepräsident bestätigt diese Summe zwar nicht, räumt aber ein, dass man Zuschüsse gezahlt habe. *Greenwash* nennen das die Umweltschützer, Grünwäsche. Es passt in ihr Bild von den rücksichtslosen, gierigen Ölriesen und den einfachen, unschuldigen Menschen – hier die Täter, dort die Opfer.

Aber ganz so einfach liegen die Dinge nicht. Die Verhältnisse im Nigerdelta sind so unübersichtlich wie das Labyrinth der Ströme, Flüsse, Bäche und Rinnsale, die es überziehen, und seit Jahrzehnten sind zahlreiche Akteure an der Schlacht ums „schwarze Gold" beteiligt: gewissenlose Ölmanager, gierige Gouverneure und Staatsbeamte, kriminelle Polizeichefs und Militärkommandeure, die Syndikate der Schwarzhändler, Schmugglerringe, bewaffnete Banden und Rebellen.

Die Region gleicht einem Pulverfass, oft genügt ein kleiner Funken, um irgendwo eine Explosion auszulösen. Das kann ein Streit um fruchtbares Land sein, das durch den wachsenden Bevölkerungsdruck und die Umweltschäden immer knapper wird. Oder ein Scharmützel zwischen Milizen, die um Territorien kämpfen. Manche Gangs geben vor, sich für die Rechte der verarmten Gemeinden einzusetzen. Aber meistens bekriegen sie sich gegenseitig und bereichern sich selbst.

Unweit von Yenagoa, der Hauptstadt des Bundesstaats Bayelsa, passieren wir das aufgelassene Lager von Africanus Ukparasia. Er führte unter dem Nom de Guerre „General Africa" eine mörderische Truppe an, die Anschläge auf Ölfirmen verübte, deren Mitarbeiter kidnappte und das Umland terrorisierte. Die Schilfhütten im Uferdickicht sind verwaist, denn die Banditen haben eine Friedensofferte der Regierung angenommen: Sie gaben ihre Waffen ab, wurden amnestiert – und erhalten staatliche Unterhaltszahlungen. Der „General" wurde zum Berater des Gouverneurs von Bayelsa und sogar zum Befehlshaber einer Spezialeinheit befördert, die für sichere Wasserwege sorgen soll. Seine Karriere zeigt, dass im Delta die Grenzlinien zwischen Kriminellen und Offiziellen oft fließend sind.

Nigeria, elftgrösster Erdöllieferant, erzielt seine Deviseneinnahmen fast nur aus Ölexporten

Um die tieferen Ursachen der Verteilungskonflikte zu verstehen, muss man weiter in die Vergangenheit zurückgehen. Seit der Unabhängigkeit vom britischen Kolonialreich 1960 rangen die großen Ethnien und Religionen um die politische Vormachtstellung in der Republik Nigeria. Die Volksgruppe der Igbo, überwiegend Christen, die im Südosten des Landes leben, fühlte sich durch die von Muslimen aus dem Norden dominierte Zentralregierung benachteiligt. Ihr Zorn wuchs, weil die herrschenden Eliten die Ölmilliarden aus dem Nigerdelta, das in ihrem Siedlungsgebiet liegt, unter sich aufteilten. Nachdem abtrünnige Offiziere im Mai 1967 die unabhängige Republik Biafra ausgerufen hatten, brach einer der furchtbarsten Kriege der postkolonialen Geschichte Afrikas aus. 1970 besiegten die nigerianischen Streitkräfte die Sezessionisten, weit über eine Million Menschen kamen ums Leben. Die Bilder von verhungernden Kindern aus Biafra gingen um die Welt; sie prägen bis heute das Klischee vom immerzu leidenden Afrika.

Nach dem Bürgerkrieg florierte das große Ölgeschäft wieder, und die multinationalen Konzerne konnten sich auf die nigerianische Regierung verlassen, die im eigenen Bereicherungsinteresse die Proteste im Nigerdelta brutal niederschlug. Gleichzeitig waren die Machtcliquen nicht einmal in der Lage, die nationale Treibstoffversorgung sicherzustellen: Im Ölland Nigeria gibt es an den Tankstellen oft kein Benzin, weil das Rohöl größtenteils exportiert wird und die heimischen Raffinerien in einem erbärmlichen Zustand sind. Aber das ist eine andere Geschichte, eine Geschichte über unfähige, gierige Eliten. Nigeria, schrieb der legendäre Dichter Chinua Achebe einmal, sei „einer der korruptesten, abgebrühtesten, untüchtigsten Landstriche unter der Sonne".

Den absoluten Tiefpunkt erreichte das Land unter der Gewaltherrschaft von General Sani Abacha in den Jahren 1993 bis 1998, und eine Region im Nigerdelta, das Ogoniland, bekam den Terror ganz besonders zu spüren. Denn dort schlossen sich immer mehr Menschen der „Bewegung für das Überleben des Ogonivolks" (MOSOP) an, die gegen die rücksichtslose Ölindustrie kämpfte, vor allem gegen die Shell Petroleum Development Company of Nigeria, eine Tochter des niederländisch-britischen Weltkonzerns. Armeetrupps und Polizeikommandos verübten schwerste Menschenrechtsverletzungen, Augenzeugen berichteten von Vergewaltigungen, Folter und Mord.

Im Juni 1994 war ich auf dem Weg ins Delta, um Ken Saro-Wiwa, den Mitgründer und Anführer von MOSOP, zu interviewen. Doch die Lage im hermetisch abgeriegelten Ogoniland war zu gefährlich geworden, ich musste die Reise abbrechen. Den unbeugsamen Bürgerrechtler hätte

Blick auf eine illegale Ölraffinerie während eines Rundflugs der Royal Dutch Shell in der Nähe der Ölmetropole Port Harcourt. Die Millionenstadt hat eine der höchsten Kriminalitätsraten Nigerias

ich ohnehin nicht mehr treffen können, denn Geheimagenten hatten ihn an einen unbekannten Ort verschleppt. Im darauffolgenden Jahr verurteilte ein Militärtribunal Saro-Wiwa und acht seiner Mitstreiter zum Tod durch den Strang. Trotz weltweiter Proteste wurden die neun Männer am 10. November 1995 hingerichtet.

Einige Angehörige verklagten Shell, sie warfen dem Konzern vor, sich durch klammheimliche Komplizenschaft mit dem Unrechtsregime an diesem Justizverbrechen mitschuldig gemacht zu haben. Um nicht von einem US-amerikanischen Gericht wegen Menschenrechtsverletzungen belangt zu werden, stimmte das Unternehmen 14 Jahre später einem außergerichtlichen Vergleich zu und zahlte an die Familien der Opfer 15,5 Millionen Dollar Kompensation.

Für die Dorfbewohner ist es unerheblich, ob Ölkatastrophen durch Anschläge, technische Pannen, nachlässige Wartung oder menschliches Versagen ausgelöst werden – sie sind in jedem Fall die Leidtragenden. Rund 70 Prozent der Bevölkerung des Nigerdeltas leben nach wie vor in Armut, aber immer mehr junge, arbeitslose Männer nehmen das nicht mehr hin und greifen zur Selbsthilfe.

Keine Fotos oder Videos! Keine Namen!" Das sagt ein mittelalter Mann, der sich Jele nennt. Er führt uns in eine Lichtung 50 Kilometer nördlich von Port Harcourt, der inoffiziellen Hauptstadt des Nigerdeltas. Wobei Lichtung die vollkommen falsche Bezeichnung ist, man müsste ein neues Wort für diesen Ort erfinden. Die Bäume und Stauden, das Schilf, die Mangroven, die Sandbänke, die verendeten Krebse und Fische, alles ist pechschwarz. Der Lehmboden wird durch eine teerartige Melasse versiegelt, auf den Wasserlachen treiben Ölschlieren, die Luft ist geschwängert von Rauchschwaden, durch die kein Sonnenstrahl dringt.

Mitten in diesem Inferno arbeiten zwei Dutzend junge Burschen, deren Körper so dunkel glänzen, als wären sie einem Tintenfass entstiegen. Sie hantieren an Apparaturen aus aufgesägten Fässern, Blechkesseln und rostigen Rohrleitungen. Vorne brodelt das Rohöl, hinten rinnen die Endprodukte heraus: Benzin, Kerosin, Diesel. Die jungen Männer arbeiten splitternackt, denn das Feuer unter den „Ölöfen" würde ihnen die Kleider vom Leib sengen. Sie springen schnell zur Seite, wenn sie eimerweise Rohöl in die Flammen schütten, um die Betriebstemperatur zu halten. Bei jedem „Aufguss" lodern explosionsartig Stichflammen bis hinauf zu den verkohlten Palmenkronen. Die brüllende Hitze, die giftige Luft in den Lungen, der Ruß und das Öl, das alle Hautporen verklebt –

die Arbeitsbedingungen sind unerträglich, und mitunter, wenn eine dieser Anlagen in die Luft fliegt, selbstmörderisch.

„Wir haben keine Wahl. Es gibt keine Jobs. Wovon sollten wir sonst leben?“, fragt Jele. Er beschäftigt mehrere Teams von „Ölkochern“ und verkauft die Treibstoffe auf dem Schwarzmarkt. Freimütig erzählt er, wie seine „boys“ die Pipelines des Ölkonzerns Shell unter Wasser anbohren, das Rohöl in abgedichtete Kähne leiten und zu den versteckten Plätzen schippern, die sie *cooking points* nennen, Kochstellen. Ein paar hundert solcher wilden Raffinerien soll es im Delta geben, niemand weiß es so genau. Das Geschäft läuft buchstäblich wie geschmiert, jede Woche bringe es einen Reingewinn von umgerechnet 1400 Euro, sagt Jele. Er hält das für eine Art legalen Diebstahls, er hat kein schlechtes Gewissen dabei, „es ist doch nur unser kleiner Anteil am Big Business“. Es ist auch der Anteil der arbeitslosen Jugend an der Zerstörung ihrer Umwelt.

Wir können nur kurz an diesem Ort bleiben. „Dies ist eine der gefährlichsten Gegenden der Welt, vor allem für Weiße“, warnt der Führer, der uns hierher gelotst hat. „Auf eurer Stirn klebt nämlich ein Preisschild.“ Ein dezenter Hinweis auf die Geiselnahmen, die zu einem lukrativen Geschäftszweig der Milizen geworden sind. Vor Kurzem wurden sieben ausländische Mitarbeiter von ExxonMobil gekidnappt, um von der Konzernleitung Lösegeld zu erpressen. Jedes Hotel, in dem man sich zu lange aufhält, jeder Marktplatz, jede Straßenkreuzung, jede Brücke ist ein potenzieller Entführungsort.

Port Hartcourt, die Ölmetropole, eine Millionenstadt mit einer der höchsten Kriminalitätsraten Nigerias. Viele Viertel sehen verwahrlost aus, überall Müllberge, zerfallende Infrastruktur, Teerstraßen, übersät mit Schlaglöchern. Dazwischen die Enklaven der Oberschicht, der Ölprinzen, Bürokraten und ausländischen Experten, die für die Konzerne arbeiten: kühle Büros, bewachte Wohnkomplexe, teure Restaurants, Luxusautos. Es sind exklusive Außenposten des Westens, zu denen das normale Volk keinen Zugang hat.

Aus der Sicht der verarmten Bewohner des Nigerdeltas ist der Ölsegen ein Fluch.

Im Mai 1967 brach einer der furchtbarsten Kriege der postkolonialen Geschichte Afrikas aus

Ein trauriger Befund, der für viele ressourcenreichen Regionen im globalen Süden gilt: Die Plünderung der Bodenschätze durch weltweit operierende Konzerne befeuert unsere Wirtschaft und nährt unseren Wohlstand. In ihren „Rohstoffkolonien“ hinterlassen die Multis verbrannte Erde. In Industrieländern wie USA oder Norwegen, wo die Ölförderung strikt reguliert wird, verhalten sie sich ganz anders. In Nigeria hingegen können sie tun und lassen, was sie wollen, denn die Aufsichtsbehörden schauen nicht so genau hin und handeln nach dem Motto: Hauptsache, die Petrodollars sprudeln.

Immerhin dürfen einige der geschädigten Bauern und Bäuerinnen heute Hoffnung schöpfen. Im vergangenen Jahr hat ein Berufungsgericht in Den Haag die nigerianische Tochter von Royal Dutch Shell zu Strafzahlungen verurteilt. Das Mutterhaus sei für die Umweltschäden zwar nicht direkt haftbar, habe aber eine „Sorgfaltspflicht“, befanden die Richter. Ein historisches Urteil, denn fortan können multinationale Unternehmen auch für Verfehlungen ihrer ausländischen Ableger zur Verantwortung gezogen werden. Im August 2021 wurde Shell dazu verpflichtet, an betroffene Dörfer im Ogoniland eine Entschädigung von 111 Millionen US-Dollar zu zahlen und alte Ölleitungen nachzurüsten; sie sollen künftig mit Sensoren ausgestattet werden, die frühzeitig Risse, Bruchstellen und Leckagen orten.

Die Kläger waren 2008 vor Gericht gezogen – und bekamen 13 Jahre später Recht. „Ihre Geduld wurde auf eine harte Probe gestellt, aber sie blieben unnachgiebig“, gratuliert der Umweltaktivist Nnimmo Bassey und erinnert daran, dass der juristische Streit schon 1991 begann. Es war ein langes Ringen zwischen David und Goliath, am Ende hat Shell verloren. Dennoch verbreitet der Konzern weiterhin die Behauptung, dass die Lecks „durch die Beteiligung Dritter“ schon während des Bürgerkriegs in den späten 1960er-Jahren verursacht worden seien. Im Frühjahr 2021 hat der Supreme Court, der höchste britische Gerichtshof, ein ähnlich wegweisendes Urteil gefällt: Auch im Vereinigten Königreich angesiedelte Weltkonzerne können künftig zur Rechenschaft gezogen werden für Umweltschäden und Menschenrechtsverletzungen, die auf das Konto ihrer Filialen gehen.

Auf dem Gelände einer illegalen Ölraffinerie in der Nähe des Flusses Nun. Mit Wasser versucht ein Arbeiter, die Flammen klein zu halten und das Öl zu kühlen. Bei zu großer Hitze kann die Anlage explodieren

Nach Jahrzehnten hemmungsloser Ausbeutung bezweifeln heute viele Menschen im Nigerdelta, ob die Ölindustrie die Lektionen gelernt hat und die Kollateralschäden tatsächlich beseitigt. Sie trauen auch dem Hydrocarbon Pollution Remediation Project nicht, das den Clean-up koordiniert. Denn diese Einrichtung des nigerianischen Umweltministeriums, in der Vertreter der Ölkonzerne sitzen, macht immer wieder Schlagzeilen durch Schmiergeldaffären. Millionen, die für die Renaturierung der Böden und die Reinigung des Grundwassers vorgesehen waren, verschwinden regelmäßig in dunklen Kanälen.

Unlängst berichtete ein Reporter der Nachrichtenagentur AFP über die angespannte Lage in Ejema-Ebubu, einer Gemeinschaft von Dörfern im Ogoniland, die ich im Frühjahr 1999, bei meiner ersten Reise ins Nigerdelta, besucht hatte. Ein Student führte mich seinerzeit zu einer Stelle, an der gerade Bodenproben entnommen wurden: eine Grube, sechs Fuß tief, dunkel wie ein Torfstich, ölverseucht. Sie lag auf den 225 Hektar Land, das durch das Rohöl aus undichten Pipelines von Shell kontaminiert worden war. Ödes Areal, überzogen von einer schwarzen Kruste. „Dieses Stück Erde ist seit 28 Jahren tot", sagte der Student. „Erst stirbt die Natur, dann sterben wir."

Es sollten weitere 22 Jahre vergehen, ehe die Farmer und Fischer von Ejema-Ebubu entschädigt wurden; sie teilen jene 111 Millionen US-Dollar unter sich auf, die der Shell-Konzern aufgrund des jüngsten Gerichtsurteils zahlen muss. Doch es wird noch lange dauern, bis sie ihre Äcker, Felder und Gewässer wieder nutzen können – die Wiederherstellung einer lebenswerten Umwelt ist eine Mammutaufgabe, die Generationen übergreift.

Ein neues Gesetz sieht vor, dass die Ölindustrie einen Kostenanteil von drei Prozent übernehmen soll. Die Opfer der Umweltverbrechen empfinden das als Hohn. „Wie kann man mit drei Prozent die Schäden beheben?", fragt ein Bauer, der dem AFP-Kollegen sein ruiniertes Land zeigt. Es sieht noch genauso trostlos aus wie damals, als ich die erste Geschichte über das Nigerdelta schrieb.

Bartholomäus Grill, Jahrgang 1954, ist ehemaliger Afrikakorrespondent der „Zeit" und des „Spiegels". In seinem neuen Buch „Afrika! Rückblicke in die Zukunft eines Kontinents" bilanziert er seine Erfahrungen aus nahezu vier Jahrzehnten.
Akintunde Akinleye, Jahrgang 1971, ist Fotojournalist und ehemaliger Reuters-Fotograf, der über Westafrika berichtete und mit seinen eindringlichen Fotografien die postkoloniale Geschichte Nigerias dokumentierte. Derzeit erwirbt er einen Doktortitel in Anthropologie an der Carleton University in Ottawa, Kanada.

FLIEGEN FÜR DIE FREIHEIT

Im Fischerstädtchen Le Crotoy an Frankreichs Kanalküste lernte Bessie Coleman als erste Afroamerikanerin das Fliegen

BESSIE COLEMAN

Unten kräuseln sich die Wellen zu schaumigen Walzen. Fischerboote mit rostroten Segeln kreuzen gegen den Wind. Doch in ihrem offenen Cockpit hat Bessie Coleman jetzt keine Augen für die Schönheiten der Sommebucht. An diesem 15. Juni des Jahres 1921 ist sie konzentriert, umklammert den Steuerknüppel ihres Doppeldeckers, der sich brummend durch die feuchte Atlantikluft schraubt. Gerade erst hat die Pilotin von der Piste der Flugschule Caudron, am Strand des Fischerstädtchens Le Crotoy gelegen, abgehoben. Jetzt dreht Bessie Coleman vom Meer ab, fliegt über Dünen und Gehöfte landeinwärts und biegt dann küstenwärts nach Dieppe ab, penibel die von den Examinatoren vorgeschriebenen Routen und Höhen einhaltend. Als sie nach dem Prüfungsflug wieder in Le Crotoy landet, wird sie von den Fluglehrern und Mechanikern mit Champagner empfangen.

Linke Seite **Große Ehre: US-Briefmarke mit Colemans Porträt, 1995.** *Unten* **Die Pilotin mit ihrer Curtiss JN-4 Jenny**

Von Rob Kieffer

Die junge Frau, von zierlicher Statur und mit verschmitztem Lächeln, hat ihren Traum wahr gemacht: Als erste Afroamerikanerin weltweit hat sie erfolgreich den Pilotenschein geschafft. Obendrein ist sie nun die erste Frau überhaupt, die sich einer international gültigen Lizenz der Fédération Aéronautique Internationale rühmen kann.

Dabei hat Colemans bescheidene Herkunft niemals auf diese spektakuläre Leistung, seinerzeit Vorbild für zahlreiche Männer und Frauen von dunkler Hautfarbe, hingedeutet. Sie wird am 26. Januar 1892 in der Kleinstadt Atlanta, Texas, als zehntes von 13 Kindern geboren. Die Eltern sind arme Baumwollpflücker, sie können weder lesen noch schreiben. Der Vater hat indigene und afroamerikanische Wurzeln, die Mutter rein schwarze Vorfahren. Es ist eine Zeit der brutalen Rassendiskriminierung. Zwischen 1882 und 1920 werden in den USA jede Woche ein bis zwei schwarze Menschen gelyncht. Die Hinrichtungen sind regelrechte Volksfeste. Sonderzüge bringen den Mob zu den Schauplätzen. Kinder bekommen schulfrei, damit sie sich die makabren Spektakel ansehen können. Fotografen rücken an, um die öffentlichen Hinrichtungen zu fotografieren und die Bilder der Gehängten und Totgeprügelten als Postkarten zu verkaufen.

Der Vater macht sich aus dem Staub, als Bessie neun ist. Susan, die Mutter, muss ihre Kinderschar allein durchbringen. Die Familie lebt am Rand der Bedürftigkeit. Ein weißes Ehepaar, das Susan als Köchin beschäftigt, greift den Colemans finanziell unter die Arme. Die Mutter pocht auf gute Manieren, saubere Kleidung und vor allem gute Schulleistungen. Wissbegierig vertieft sich Bessie in William Stills Buch „The Underground Railroad“, das von dem Schleusernetzwerk, in dem versklavte Afroamerikaner in die sicheren

Nordstaaten gelangten, erzählt. Harriet Tubman war Teil davon. Die furchtlose Bürgerrechtlerin wird zum Vorbild für Bessie Coleman, die sich entschließt, selbst gegen ein ungleiches Amerika anzukämpfen, wo „Whites only"-Schilder und die brennenden Kreuze des Ku-Klux-Klans Alltag sind.

1910 schreibt sich Coleman an der Universität von Langston, Oklahoma, für ein Landwirtschaftsstudium ein. Die Hochschule dieser „Black Town" unterrichtet ausschließlich afroamerikanische Studenten. Doch nach einem Semester geht ihr das Geld aus, und sie muss ihre Ausbildung abbrechen. 1912 zieht sie nach Chicago, wo sie im Schwarzenviertel Stroll als Maniküre arbeitet. Die von den Weißen als Sündenpfuhl verschrienen Straßenblöcke an der State Street sind vergleichbar mit Harlem in New York.

Es ist ein brodelnder Kessel, aus dem Jazz und Blues dringen, in dem afroamerikanische Businessmänner, Showakteure und Gangster bei Whiskeygelagen und von Zigarrenrauch eingenebelt ihre Deals aushandeln. Zu den Kunden, denen Coleman die Fingernägel feilt, gehören prominente Schwarze wie der Jazztrompeter Louis Armstrong, William A. Buckner, Baseballtrainer der Chicago White Sox, oder Robert S. Abbott, einflussreicher Verleger der populären und militanten Schwarzenpostille „Chicago Defender".

FLUGSCHULE CAUDRON

Luftfahrteleven in Le Crotoy (Bessie Coleman rechts auf dem Höhenruder sitzend)

Coleman hat inzwischen geheiratet. Aber freiheitsliebend und für jene Zeit erstaunlich emanzipiert, lässt sie sich schon nach sechs Monaten Ehe scheiden. Zwei ihrer Brüder, John und Walter, haben in einer Einheit der schwarzen „Harlem Hellfighters" im Ersten Weltkrieg in Frankreich gekämpft. Als sie unversehrt von der Front zurückkehren, erzählen sie begeistert von den Heldentaten von Eugene Jacques Bullard, dem ersten afroamerikanischen Kampfpiloten. Er hatte das Fliegen in Frankreich gelernt, diente im französischen Heer und wurde ob seiner vielen Abschüsse „Schwarze Schwalbe des Todes" genannt. Coleman ist fasziniert von Bullards Ehrgeiz, Überwindung der Rassenbarrieren und flugtechnischen Leistungen und nimmt sich ein unglaublich klingendes Ziel: Sie will die erste schwarze Pilotin werden. Robert S. Abbott, stets bemüht, in seinem „Chicago Defender" Erfolgsstorys schwarzer Landsleute zu drucken, beschließt, die Frau mit dem eisernen Willen finanziell und medienwirksam zu unterstützen.

Obwohl in den USA unzählige Flugschulen in Inseraten um Schüler werben, weigern sich alle, Schwarze auszubilden. Daraufhin beschließt Coleman, es in Frankreich zu versuchen. Immerhin haben ihre Brüder versichert, dass die Franzosen keine Rassisten sind und die Frauen geachtet werden. Sie lernt ein halbes Jahr lang in Chicago in der Berlitz-Sprachenschule Französisch, ehe sie am 20. November 1920 das Passagierschiff „Imperator" besteigt, um den Atlantik zu überqueren.

In Paris angekommen, kontaktiert sie die ersten Flugschulen. Doch diese lehnen ab, da kurz vorher zwei Frauen bei Übungsflügen ums Leben gekommen sind. Schließlich stößt sie auf die Flugschule der Brüder Caudron, die sie ohne Wenn und Aber aufnimmt. Als sie in Le Crotoy an der Küste ankommt, fühlt sie sich in eine andere Welt katapultiert. Der behäbige Fischerort, in dem Jules Verne eine Villa besaß und er sich vom gewaltigen Wasserreich der Sommebucht zu seinem Roman „20 000 Meilen unter dem Meer" inspirieren ließ, hat nichts mit den Baumwollfeldern des amerikanischen Südens und schon gar nichts mit dem Wolkenkratzerlabyrinth Chicagos gemeinsam.

Colemans Ausbildungsstätte, die École de pilotage Caudron, ist von handwerklicher Tradition und fliegerischem Können geprägt. Gegründet wird sie 1910 als eine der ersten Flugschulen der Welt von den Brüdern René und Gaston Caudron. Auf einem Bauernhof im Hinterland von Le Crotoy aufgewachsen, sind sie früh von Fliegerei fasziniert. Sie bringen sich alles selbst bei, indem sie Berichte von Flugpionieren wie Otto Lilienthal oder den Wright-Brüdern verschlingen und den Flug der Vögel analysieren.

Die Tüftler bauen solide Propellerflugzeuge, die erfolgreich unter der Marke Caudron vermarktet werden. Als Küstenbewohner, die mit Seeleuten aufgewachsen sind und die Bewegungen von Wind und Meer kennen, verfügen René und Gaston Caudron auch über nautische Kenntnisse, die sie zum Bau von damals revolutionären Wasserflugzeugen nutzen. Da der flache, endlose Strand von Le Crotoy mit seinem bei Ebbe festen Sand und seinem verdichteten Muschelboden eine ideale Start- und Landepiste abgibt, installieren die Brüder dort Montagehangars sowie eine zivile und militärische Flugschule. Viele bekannte Flieger erwerben dort ihre Lizenz und sorgen für den internationalen Ruhm der Schule. An Wochenenden ist die Flugschule eine spektakuläre Besucherattraktion. Ganze Familien zieht es nach Le Crotoy, wo sie in den Dünen an der Start- und Landepiste picknicken und staunend die Luftakrobatik verfolgen.

Bessie Coleman lernt schnell, bald kennt sie jede Schraube der Flugzeugmotoren auswendig. Fliegen ist für sie eine Freiheit, die sie vorher so nicht kannte.

Die wenigsten Einwohner von Le Crotoy haben je eine Schwarze zu Gesicht bekommen. Der jungen Amerikanerin, die man respektvoll „Schwarzer Engel“ nennt, begegnet man mit unverhohlener Neugier, aber auch mit Offenheit und Gastfreundschaft. Sie wird zur traditionellen „pêche à pied“ eingeladen, dem Sammeln von Muscheln und Krabben im Schlick des Wattenmeers. In den männerdominierten Bars des „Hôtel de la Plage“ oder des „Hôtel de la Marine“ wird die Pilotin mit der gewinnenden Ausstrahlung zum Aperitif eingeladen. Sie ist erstaunt, dass sie am Strand frei baden kann. Das war ihr in Chicago nicht möglich. Dort sind an den Ufern des Michigansees die Abschnitte streng nach Hautfarbe getrennt.

Coleman schafft ihre Ausbildung in Rekordzeit von sieben Monaten. Im September 1921 kehrt sie an Bord des Ozeandampfers „Manchuria“ in die USA zurück, wo sie zur „Brave Bessie“ hochgejubelt wird. Mit ihrer Pilotenkappe und dem Fliegeroverall schmückt sie die Titelseiten. Die umtriebige Flugpionierin, die sich selbstbewusst in Szene zu setzen weiß, hat sich in den Kopf gesetzt, eine eigene Flugschule für Afroamerikaner zu gründen, Symbol für Gleichheit und Gerechtigkeit. Um Geld für dieses kühne Projekt zu sammeln, tingelt sie durch die Bundesstaaten, ist der Star von Flugshows, in denen sie mit Sturzflügen und Loopings die Zuschauer fasziniert.

Am 30. April 1926 findet Bessies Vision ein tragisches Ende. In Jacksonville, Florida, soll sie die Hauptakteurin eines von der Negro Welfare League organisierten Flugmeetings sein. Doch bei einem Übungsflug verrutscht ein Schraubenschlüssel und verklemmt sich in der Steuerungsmechanik. Die Maschine kommt ins Trudeln, Bessie wird aus dem Cockpit geschleudert und stirbt beim Aufprall. Sie wurde nur 34 Jahre alt.

Bessie Colemans Ruhm als Streiterin für Rassengleichheit und als Vorreiterin weiblicher Selbstbestimmung bleibt unangetastet. Drei Jahre nach ihrem Tod gründet der schwarze Pilot William J. Powell in Los Angeles tatsächlich die erste Flugschule für Afroamerikaner und nennt sie Bessie Coleman Aero Club. 1940 schreibt Jazzsaxofonist Johnny Hodges den Song „Good Queen Bess“. Ihr Porträt ziert Münzen und Briefmarken; ihren Namen tragen Schulen, Bibliotheken und Flughafenstraßen, wie am Chicagoer und am Frankfurter Airport. Jedes Jahr fliegen schwarze Pilotinnen und Piloten an Bessie Colemans Todestag über den Lincoln Cemetery in Chicago und lassen Blumen auf ihr Grab fallen.

Rob Kieffer, Jahrgang 1957, lebt als Journalist und Autor in Luxemburg. Auf Bessie Coleman wurde er durch Zufall aufmerksam. Bei einer Recherche für eine Reisereportage über die Sommebucht entdeckte er im Rathaus von Rue, einem Nachbarort von Le Crotoy, ein kleines Museum, das der legendären Flugschule Caudron und ihren berühmten Schülerinnen und Schülern gewidmet ist.

Wir, Ahab

In seinem Roman „Moby Dick" hat Herman Melville das Mysterium von Rache und Hass genial inszeniert. Das Drama der Selbstradikalisierung des Individuums ist für alle Gesellschaften bis heute lehrreich

Von Christian Schüle

Still ruht das Meer, und was in seinen Tiefen tobt, sieht der Mensch nicht. Das Meer gibt sich einen Anschein von Unschuld, doch in seiner Unermesslichkeit wüten Dämonen. Angesichts der täuschenden Stille überkommt Ahab, den alten weißen Mann auf seinem Schiff, ein unbändiger Hass. Nichts geschieht, doch sein Fanatismus sucht Erlösung. Der Mann muss sich rächen. Er muss jagen: Moby Dick, den alten weißen Wal, auf allen Ozeanen der Welt, mit scharfer Lanze, bis das Tier schwarzes Blut bläst und tot im Wasser treibt.

Aber wer jagt und rächt warum? Wer in Ahab will Rache: sein Ego, das Bewusstsein, der Verstand – oder Gott? *„Was ist das"*, fragt der Kapitän des Walfängers „Pequod" spürbar verzweifelt, *„welch namenloses, unerforschliches, unirdisches Etwas, welch trügerischer, verborgener Herr und Gebieter, welch grausamer, erbarmungsloser Herrscher zwingt mich, dass ich mich gegen jede natürliche Regung von Liebe und Sehnsucht so unaufhörlich vorwärts treibe, vorwärts dränge, vorwärts stoße, mich ohne jede Rücksicht dazu bringe, das zu tun, was ich in meinem eignen, tiefsten Herzen noch nicht einmal zu denken wagte? Ist Ahab Ahab? Bin ich's, ist's Gott oder wer sonst, der diesen Arm erhebt?"*

Ja, wer erhebt den Arm gegen das Leben? Ahabs Frage an sich selbst im Ringen um Schuld und Sühne auf dem Meer ist die existenzielle Frage aller Zeiten: Wie kommt der Hass in den Menschen? Die anrührende Reflexion des ratlosen Kapitäns weist auf das ewige Drama menschlicher Existenz: auf die Tiefe des eigenen Abgrunds, die den Zivilisiertesten zum Töten treibt.

Das Meer als ungestaltete Natur, als erbarmungsloses Neutrum und amoralische Macht hat als Projektionsfläche für Mythen und Ängste zur philosophischen Verhandlung seit biblischen Zeiten große Verführungskraft: Jona, Leviathan, Moby Dick. Die Wesen, die es hervorbringt, dienten der Verständigung der Menschheit über Werte, Normen und Tugenden. Der Wal als König der marinen Tierwelt wie zugleich als Inkarnation des Dämonischen steht für die gewaltfreie Gewalt der Natur, die der Mensch, da er ihrer anders nicht Herr wird, mit Technik und Kultur zu bewältigen versucht. Geht es nach Herman Melville und „Moby Dick", scheitert er dabei an sich selbst. Wir, Ahab, sind im Prinzip allesamt Wutbürger auf irgendeinem Walfang.

Die unstillbare Rachsucht des Kapitäns in der Stille der Ozeane ist die Leerstelle eines Lebens, das altersbedingt von Weisheit erfüllt sein sollte und von Gewaltfantasien getrieben wird. Für Starbuck hingegen, Ahabs Gegenspieler, den erfahrenen Steuermann der „Pequod", ist der Wal kein schuldfähiges Wesen, sondern eine Kapitalanlage. Seine Organe, sein Tran, seine Knochen – alles lässt sich verkaufen. *„Aber ich bin hierher gekommen, um Wale zu jagen, nicht um meinen Kapitän zu rächen"*, sagt Starbuck und fragt provokant: *„Wieviel Fässer wird dir deine Rache bringen, wenn sie dir denn gelingt, Kapitän Ahab? Sie wird dir wenig einbringen auf Nantuckets Markt."*

Das ist die Crux an der Rache: Ihre Rendite kompensiert ein subjektives Defizit, erzielt darüber hinaus aber keine messbare Wertschöpfung. In ihrer rational geplanten Verblendung ist sie unerhört irrational. Was also antwortet der Rächer dem Ökonomen? *„Nantuckets Markt – pah! Mann, wenn Geld das Maß aller Dinge sein soll […] so lass dir gesagt sein, wird meine Rache reichlich Zinsen tragen, und zwar hier!"*

Ahabs Rach- und Starbucks Profitgier sind bis heute die antagonistischen Grundlagen unserer Kultur zwischen Markt und Moral, verbunden mit der Frage, ob der Kapitalismus die Moral zerstört oder sie erst schafft. In „Moby Dick" konkurrieren letztlich zwei Arten der Frömmigkeit: Ahabs alttestamentliche, von Rache und Zorn getriebene wie andererseits Starbucks sublimierter Glaube an den kapitalistischen Götzen, dessen Vergeltung in „Gelt" besteht – in Geld als nicht physischem, sondern virtuellem Opfer, in der durch Dollarscheine vergoltenen Schuld. *„Rache an einem stummen Tier"*, ruft Starbuck, *„das einfach dich aus blindem Trieb getroffen! Ein Wahnsinn! Zu wüten gegen ein stummes Ding, Kapitän, erscheint mir grad wie Gotteslästerung."*

Also was ist das Maß aller Dinge: Geld oder Moral? Ist der Kapitalismus ein Ersatz für Gott als Alternative zum infiniten Rachekreislauf? Bietet er womöglich eine klügere Form der Erlösung? Rache und Rationalität setzen den Rahmen des Romans und in gewisser Weise auch des Lebens im Allgemeinen. Rache, schreibt der Philosoph Fabian Bernhardt, sei der blinde Fleck der Moderne, und man könnte anfügen: Rache ist der blinde Fleck des Menschen an sich. Gerächt wurde und wird immer, im Kleinen wie im Großen, in Zeiten scheinbar höchster Zivilisation, seit je bis heute. Ihre Variationen reichen von Schadenfreude, Revanche, Denkzettel über Eifersucht und Racheporno bis zum Krieg. Selbst Putins Überfall auf die Ukraine scheint getrieben vom Gefühl der Rache für die Demütigung durch das „Brudervolk" – als Rache am vermeintlichen Verrat der Ukrainer. Und es ist faszinierend, dass westlich-moderne, von Bürokratie und Kontrolle durchdrungene Gesellschaften die Rache als Nukleus von Hass und Gewalt durch Recht und Ratio nicht vollständig in den Griff bekommen. In der Rachefantasie melden sich auch in rationalisierten Funktionsgesellschaften verdrängte Energien zurück.

Die Kriminologie bemerkt eine zunehmende Zahl an Brandstiftungen und Tiertötungen – womöglich als Ergebnis einer dif-

Wer hassgetriebene Rache in Anspruch nimmt, kann sich, wie Kapitän Ahab, nach eigenem Ermessen zum Opfer der Umstände erklären, er kann Kränkungen sühnen und Verantwortung verlagern. Rache ist Entlastung, sie soll einen Ausgleich für empfundenes Leid schaffen. Aber sie erzeugt so gut wie immer neues.

fusen Rache gekränkter Menschen an den Umständen ihres Unglücks. Nach Einschätzung von Polizeipsychologen werden Konflikte vermehrt durch körperliche Gewalt gelöst; seit Jahren schwillt im aufgeklärten Westen der Bocksgesang dystopischer Nachrichten: gestörte Affektkontrolle, uferlose Hasstiraden, maßlose Hämeattacken, Shitstorms in der virtuellen und Übergriffe in der realen Welt. Die Niedertracht hat Ausmaße erreicht, dass die Frage keineswegs abwegig ist, ob dem Hass auf Andersgläubige, Andersgeschlechtliche und Andersdenkende eine auf unrechtmäßige Weise selbstgerechte Gerechtigkeit zugrunde liegt.

Hat Hass denn irgendeinen Sinn? Wer hassgetriebene Rache in Anspruch nimmt, kann sich, wie Kapitän Ahab, nach eigenem Ermessen zum Opfer der Umstände erklären, er kann Kränkungen sühnen und Verantwortung verlagern. Rache ist Entlastung, sie soll einen Ausgleich für empfundenes Leid schaffen. Aber sie erzeugt so gut wie immer neues. Misogynie etwa, verstanden als Rache von Männern an Frauen, die aus Sicht der Männer die männliche Selbstwirksamkeit bedrohen, wirft die Frage nach der Kausalität auf: Bei wem liegt das Problem?

Ahab bleibt konsequent archaisch. Der alte weiße Mann erhebt den Arm und fordert das Duell: Mann gegen Tier, Mensch gegen Natur. Er, der Rächer, fühlt sich *„ururalt"*, bis auf den Tod gebeugt, gekränkt bis ins Mark. 40 Jahre lang unterzog er sich der Mühsal, den zu finden, der ihn einst verletzte. Der Jäger inszeniert sich als Opfer, das sich das moralische Recht herausnimmt, den zu opfern, der sich im Überlebenskampf gegen seine Gewalt zur Wehr gesetzt hatte. Moby Dick riss Ahab das Bein fort – und seither ist der große Kapitän *„entmastet"* (vulgo entmännlicht): Humpelnd trägt er eine Prothese, auch noch aus Walknochen. *„Wozu diese Mühsal?"*, fragt er. Ja, wozu diese Besessenheit? Sie hat ihn Jahre und Nerven gekostet, und doch ist ihr kein Preis zu hoch. Versucht Liebe Versöhnung, so strebt Rache immer nach Zerstörung. Ökonomisch macht sie keinen Sinn, moralisch auch nicht. Theologisch vielleicht?

Wenn, wie Melville den Kapitän sagen lässt, ohne Gott kein einziger Stern sich drehe, dann muss Gott auch verantwortlich sein für das „kleine Herz" und das „kleine Hirn", das der Wutbürger Ahab in sich entdeckt. Dann ist nicht er, sondern Gott verantwortlich für den Hass, also die Schöpfung selbst. Dann ist es nicht das Individuum, sondern die Instanz, die es erschaffen hat (so man denn daran glauben mag). Und dann wäre die niedere irdische durch die höhere Gewalt gerechtfertigt.

Oft genug verlagert sich Verantwortung auf diese Weise, wenn der Rächende für nicht zurechnungsfähig gehalten und persönliche Verantwortlichkeit ausgelagert wird. Wobei Rache Zurechnungsfähigkeit und Berechnung geradezu voraussetzt: Ein Rächender reagiert nicht aus dem Affekt, er wartet. Bewusst, gezielt, manchmal Jahre, einen klaren Plan im Hinterkopf. Rache ist choreografierte Vergeltung ohne Verfallsdatum, ihr Wert die Nullsumme nach der finalen Erlösung. Insofern ist Rache die Währung einer moralischen Ökonomie: Beglichen wird die Schuld nicht mit Geld im Sinn eines finanziellen Ausgleichs, sondern mit dem Tod des Schuldigen. Die Selbstgerechtigkeit der Rache legitimiert den Rächenden zur Selbstermächtigung in einem von vornherein asymmetrischen Kampf. Erinnert sei daran, dass US-Präsident George W. Bush den völkerrechtswidrigen Angriffskrieg gegen den an „9/11" nachweislich unschuldigen Irak 2003 nach „Zwiesprache mit Gott" befahl.

Nach Auffassung von Psychiatern und Therapeuten ist Rache die älteste und am wenigsten verstandene Motivation des Menschen. Triebfeder der Rache ist so gut wie immer eine Kränkung: Eifersucht, Neid, enttäuschtes Vertrauen, Zurückweisung. Die tiefste Wurzel der Rachefantasie ist letztlich die Urangst vor dem Liebesentzug. Rache, bemerkt der Psychiater und Forensiker Reinhard Haller, strebe immer nach Ausgleich. Der Rächende will Gerechtigkeit herstellen – und schafft dadurch fast immer neues Unrecht. Kurzum: Rache ist die Strafe des Schädigers durch den Geschädigten jenseits der Gesetze.

„Moby Dick" lehrt uns, dass eine offene Gesellschaft die Mechanismen der Rache genau kennen muss, um den Gewaltkreislauf zu verhindern. Wäre Hass durch gestörte oder fehlende Empathie erklärbar, ließe sich womöglich durch Empathieschulung für erhöhte Sensibilität sorgen. Das hieße, dass eine humane Gesellschaft kontinuierlich an der inneren Befriedung jedes ihrer Mitglieder arbeiten muss, um den Ahab in jedem zu zähmen.

Christian Schüle, Jahrgang 1970, studierte Philosophie, Soziologie und Politikwissenschaft in München und Wien und lebt als literarischer Autor und Essayist in Hamburg. Unter seinen Büchern sind der Roman „Das Ende unserer Tage" und zuletzt die Essays „Heimat", „In der Kampfzone" und „Vom Glück, unterwegs zu sein", eine Philosophie des Reisens. Seit 2015 lehrt er Kulturwissenschaft an der Universität der Künste in Berlin.

Fotos: Ragnar Axelsson

DER HUND DER GRÖNLÄNDER

Text: Bernd Hauser

Seit Jahrtausenden begleiten Grönlandhunde die Menschen der Arktis. Mit den von ihnen gezogenen Schlitten fährt man zur Jagd und zum Fischen aufs Meereis, die Hunde spüren Atemlöcher von Robben auf und stellen Eisbären. Ohne sie wäre es den Vorfahren der heutigen Inuit kaum möglich gewesen, Grönland zu besiedeln. Das meint auch Jens Jørgen Fleischer, genannt Ono. Rund 20 000 Kilometer fuhr Fleischer mit seinen Hunden durch das Eis, beseelt von dem Gedanken, dass die Inuitkultur den Erdkreis fast umspannt

IN DER WEITE DES GRÖNLÄNDISCHEN Eises bricht Karo zusammen. Onos Freundin, die so hart im Nehmen ist, die aufblüht in Kälte und Strapazen. Als junge Frau hat sie das Inlandeis schon einmal gequert – auf Skiern, mit zwei Gefährtinnen, als erste Grönländerin überhaupt. Nun sitzt sie da und weint. „Die Hunde können nicht mehr, sie leiden." Die oberste Schneelage ist gefroren, die zwölf Hunde brechen durch, scheuern ihre Pfoten und Läufe auf. Bei einigen sieht man schon die Sehnen.

Nachmittags, wenn die Sonne flach über der Linie des Horizonts steht, fällt das Thermometer auf minus 50 Grad Celsius. Das Robbenfleisch im Proviant klingt hell wie eine Glocke, wenn man mit einem Eisen draufschlägt, so tief gefroren ist es. Die Luft ist dünn. Das schier endlose Eis liegt so hoch über dem Meeresspiegel wie Berggipfel in den Alpen. Die Fahrt von Kangerlussuaq im Westen Grönlands geht im März des Jahres 2006 insgesamt 650 Kilometer weit über den Eisschild bis Isortoq an der Ostküste: der östlichste Punkt der Wanderungen der historischen Inuit über Kanada nach Grönland – für Jens Jørgen Fleischer, genannt Ono, der logische Schlusspunkt seiner Expeditionen per Hundeschlitten.

Es ist seine sechste lange Reise. „Ich besuchte meine Stammesbrüder in West und Ost" hat der Grönländer das Buch genannt, das er danach schrieb und das auf Grönländisch und Dänisch erschienen ist. 20 000 Kilometer insgesamt. Die zweite Tour führte ihn von Grönland bis an den nördlichen Zipfel von Alaska, 4000 Kilometer weit auf dem Schlitten. Man darf annehmen, dass nach Knud Rasmussen kein lebender Mensch mehr Expeditionskilometer mit Hunden zurückgelegt hat als Ono Fleischer.

Polarforscher Knud Rasmussen und Onos Großvater waren Cousins. Rasmussen weckte durch seine „5. Thule-Expedition" vor genau 100 Jahren das Bewusstsein von einer beinahe erdkreisumspannenden Inuitkultur mit gemeinsamer Sprache: von Sibirien über Alaska nach Kanada und Grönland. Es wurde viel über die Heldentaten des Verwandten erzählt, als Ono in der winzigen Siedlung Ilimanaq am Eisfjord von Ilulissat aufwuchs.

Mit sieben Jahren bekam Ono die ersten zwei Hundewelpen und baute seinen ersten Schlitten, mit den Erzählungen des großen Knud im Kopf. Dessen bekanntestes Zitat heißt: „Gebt mir Schnee, gebt mir Hunde, den Rest könnt ihr behalten."

Schon acht Monate nach seiner Geburt wird ein Grönlandhund eingeschirrt, gierig darauf, zu laufen und zu ziehen – tagelang, wochenlang. Die Hunde wenden bei ihrer Arbeit bis zu 11 000 Kalorien am Tag auf. Die etwa doppelt so schweren Radrennfahrer der Tour de France verbrauchen etwa 8000 Kalorien. Durch ihre Aus-

„GEBT MIR SCHNEE, GEBT MIR HUNDE, DEN REST KÖNNT IHR BEHALTEN"

Seite 45 Schlittenhund bei Qaanaaq, Nordgrönland. *Linke Seite* Dorf am Scoresbysund. *Oben* Schlittenhunde machen Rast

dauer machten Grönlandhunde die Antarktisexpedition von Roald Amundsen zum Erfolg. Robert Scott, sein Konkurrent im Wettlauf zum Südpol, hatte auf Motorschlitten und mongolische Ponys gesetzt. Er starb auf dem Rückmarsch an Kälte und Erschöpfung.

Grönlandhunde könnten zwölf Jahre alt werden. Doch wenn sie nach fünf bis sieben Jahren nicht mehr mit den jüngeren Tieren im Gespann mithalten können, werden sie häufig getötet. Für Hundebesitzer in Europa klingt das brutal, aber für grönländische Jäger und Fänger sind die Hunde Arbeitstiere. Ein Tempo von fünf bis acht Kilometern in der Stunde hält ein Gespann viele Tage aufrecht. Die Schlitten wiegen teilweise eine Tonne. Auf langen Fahrten liegen die Tagesetappen von Ono Fleischer dennoch bei 45 bis 90 Kilometer.

Schon durch ihre schiere Physis sind die Grönlandhunde eindrucksvoll. Wenn sie sich aufrichten, können sie ihre Vorderläufe leicht auf die Schultern der Gespannführer legen. Werden sie trainiert und erhalten sie die richtige Kost – kaum Kohlenhydrate, ein knappes Drittel Proteine und knapp zwei Drittel Fett –, werden die Polarspitze zu 40 Kilogramm schweren Muskelpaketen.

Aber jetzt, mitten auf dem grönländischen Eisschild, haben Onos Hunde fünf Kilogramm abgenommen. Normalerweise werden sie mit jedem Wetter fertig, aber nun setzt ihnen die Kälte zu. „Aus dem Eis steigt permanent Feuchtigkeit nach oben", vermutet Ono. „Das schwächt sie." Hinzu kommt Schnee, wie ihn Ono und Karo noch nie erlebt hatten: grob und stumpf wie Sand. Der Nordwind weht unbarmherzig, Lee gibt es nur unter dem Schnee.

Wenn es nicht allzu kalt ist, macht der Nordwind den Hunden nichts aus. Sie rollen sich in Kugelform zusammen, die Schnauze stecken sie ins Fell und lassen sich mit isolierendem Schnee bedecken. Die Hundeführer legen die Tiere nachts an die Kette – Leinen würden sie durchbeißen –, damit sie keine Kämpfe miteinander beginnen oder den Proviant fressen. Auf dem Inlandeis bläst der Wind die Schneewehen so stark auf, dass die Hunde tief darunter begraben werden. Ono und Karo müssen aufpassen, dass sie die Ketten lang genug lassen, damit die Hunde nicht ersticken. Morgens sind sie so erschöpft, dass sie sich aus ihrem weißen Grab nicht mehr erheben wollen. Ono und Karo müssen sie hochziehen, sie treten sie auch, sonst würden sie einfach liegenbleiben und verenden.

„Wie können wir den Hunden eine solche Qual antun?", fragt Karo verzweifelt. Ono hat vier Kinder von drei Frauen. Verheiratet war er nie. Mit Karo Thomsen ist

Lesen Sie bitte weiter auf Seite 52

„DIE HUNDE KÖNNEN NICHT MEHR, SIE LEIDEN"

Linke Seite Am Scoresbysund. *Oben* Ein Gespann auf dem Eis. *Seiten 50/51* Jäger Hjelme Hammeken und seine Hunde

er nun acht Jahre zusammen. Jetzt sagt er: „Es scheint, du kannst mich ganz gut leiden. Willst du mich heiraten, wenn wir ankommen?"

Über Satellitentelefon fragen sie den staatlichen Hundetierarzt und befolgen seinen Rat: Sie fahren eine Stunde, machen eine Stunde Pause. So arbeiten sie sich Richtung Ostküste heran, teils nur noch elf Kilometer am Tag.

Nach 23 Tagen auf dem Eis sehen sie Schlitten: Jäger aus Isortoq, die ihnen entgegenkommen. Von dort fliegen sie mit dem Helikopter nach Tasiilaq, Ostgrönlands Hauptort, und heiraten auf dem Bürgermeisteramt.

Heute, 16 Jahre später, leben Karo, 59, und Ono, 73, in Nuuk, Grönlands Hauptstadt mit 18 000 Einwohnern nahe von Kindern und Enkeln. Ono ist in Rente, Karo arbeitet bei der Stadt, in einer Taskforce, die Selbstmorde unter Jugendlichen verhindern soll. Hunde haben sie keine mehr. Nuuk liegt an der Westküste der Insel, südlich des Polarkreises. Nur nördlich davon dürfen Grönlandhunde gehalten werden. Andere Rassen sind verboten. So sollen Einkreuzungen verhindert und die Leistungen des Arbeitstiers erhalten bleiben, das über Jahrtausende hinweg gezüchtet wurde und die Voraussetzung für die grönländische Kultur war.

Mit den Schlitten fuhr man zur Jagd und zum Fischen aufs Meereis, der Hund spürte Atemlöcher von Robben auf und stellte Eisbären. Mit Nähten aus Sehnen schufen die Frauen auch aus Hundefellen Kleidung, damit die Fänger und Jäger nicht erfroren. Hunde ergänzten den Speiseplan in Notzeiten, alte Grönländer erzählen, es schmecke wie Lamm.

Auf einer Jolle mit brüllendem Motor geht es mit Ono und Karo in rasender Fahrt hinein in den Nuukfjord. Nach einer Dreiviertelstunde lässt Ono das Boot in eine Bucht gleiten. Der Pfad steigt hinauf zu einer Hütte. Davor weht die Landesflagge mit dem roten und dem weißen Halbkreis, der untergehenden Sonne über dem Meereis.

Karos Kajak am Steg bleibt heute unbenutzt, sie geht an diesem Julisamstag Pilze und Engelwurz suchen, als Beilage zum Rentierbraten am Abend. Von der stillen Frau gehen große Selbstsicherheit und Stärke aus. Bei Ono schwinden die Kräfte ein wenig. Der Rücken macht ihm seit der Jugend zu schaffen, als er täglich mit Hundeschlitten Wasser in die Häuser von Ilimanaq schaffte. Den Herzschrittmacher hatte er schon bei seiner Eisschildüberquerung, danach hat er eine Prostataoperation überstanden.

Seine Haltung ist leicht gebeugt, die Kanister mit Trinkwasser schleppt er mühsam den Hang hinauf. In der Wärme der Hütte schiebt Ono die Ärmel hoch,

„DER WIND BLÄST DIE SCHNEE-WEHEN SO STARK AUF, DASS DIE HUNDE TIEF DARUNTER BEGRABEN WERDEN"

Linke Seite Sturm in Tiniteqilaaq, Südostgrönland. *Oben* Ein Hund erwacht, bei minus 35 Grad

In voller Polarmontur: Hundeschlittenführer Ono Fleischer

auf seinem rechten Unterarm stehen die Namen und Geburtsdaten der zehn Enkel, die er sich in die Haut hat stechen lassen. Auch er wirkt selbstbewusst, auf eine leise, introvertierte Art. In dem Film „Fräulein Smillas Gespür für Schnee" hatte er eine kleine Rolle. In der Eröffnungsszene sieht man einen Jäger in Fellkleidung an einem Eisloch fischen, bevor ihn eine Flutwelle mitreißt und tötet. Reden musste er in der Rolle nicht. Ono ist einer der Menschen, bei denen Gesprächspausen nicht unangenehm werden, weil man merkt, dass er sich in der Stille wohlfühlt.

Seine erste lange Reise unternimmt Ono Fleischer mit 27 Jahren im Jahr 1975 allein. Auf Knud Rasmussens Spuren fährt er von dessen Geburtsort Ilulissat hoch nach Qaanaaq im Norden Grönlands, unweit der Stelle, wo Rasmussen eine Pelzhandelsstation einrichtete, um seine Expeditionen finanzieren zu können. „Das Beste ist das Aufbrechen", sagt Ono Fleischer. „Ich atme auf. Es ist die absolute Unbegrenztheit. Auf dem Schlitten ist alles, was ich brauche." Ein Gewehr gegen Bären und um Robben zu schießen, als Nahrung für die Hunde und ihn selbst. Werkzeug, um den Schlitten zu reparieren. Ein Zelt, ein Primusofen, wie schon Knud Rasmussen ihn benutzte. Fleisch vom Moschusochsen für den Abend und getrocknete Lodden als Snack auf der Fahrt.

„Ich fühle mich autark. Ich kann Monate wegbleiben. So lange ich Lust habe." Die fünfte Thule-Expedition von Knud Rasmussen dauerte drei Jahre – auch deshalb, weil man viel mit der Jagd beschäftigt war, um Futter für die Hunde zu beschaffen.

Nach der ersten Reise will Ono wie Knud Rasmussen nach Westen, aber findet keinen Gefährten – allein ist die Fahrt zu gefährlich. Knud Rasmussen hatte auf seinen Fahrten durch Kanada bis nach Alaska die gemeinsame Inuitkultur dokumentiert, er betrieb Kulturwissenschaft und sammelte Mythen, wie diese Schöpfungsgeschichte in Thule: Zuerst entstanden die Menschen, dann die Hunde, erst danach kamen Sonne, Mond und der Tod in die Welt. „Ich wollte, dass wir Stammesbrüder uns besser kennenlernen, die gemeinsamen Bande stärken", sagt Ono. Das Internet ist noch nicht verbreitet. „Wir sprechen die gleiche Sprache, aber wissen nichts übereinander."

1992 endlich startet er mit Jens Danielsen, einem Bären- und Walrossjäger. Ono hatte ihn in Thule kennengelernt, wo er einige Jahre Lehrer war an der lokalen Schule, trotz seiner Legasthenie. Die Prüfer hatten ihn nicht durch das Examen rasseln lassen, Grönland brauchte Lehrer. Nach einer Lehre als Schiffszimmermann hatte er Ingenieur werden wollen, aber

DER GRÖNLANDHUND

Er ist ausdauernd, kälteresilient – und gefährdet. Der Klimawandel ist ein wesentlicher Grund, warum der Grönlandhund in seinem Fortbestand bedroht ist

Von Bernd Hauser

DIE NÄCHTE IN DEN SIEDLUNGEN GRÖNLANDS nördlich des Polarkreises sind nie still. Das Geheul von den Hundeplätzen am Rand der Siedlungen lässt an Wolfsrudel denken. Tatsächlich sind die Grönlandhunde nur halb domestiziert. Schilder warnen die Touristen: „Abstand halten, Schlittenhunde sind keine Haustiere! Sie sehen liebenswürdig aus, aber es sind Arbeitstiere. Deshalb darfst du dich ihnen nie nähern." Wenn ihre Halter nicht zugegen sind, können die Hunde aggressiv werden. Hündinnen mit Neugeborenen seien besonders unberechenbar. „Weder erwachsene Tiere noch Welpen dürfen gefüttert oder gestreichelt werden!"

Damit hat der Grönlandhund wenig mit anderen Schlittenhunden gemein. Der sanftmütige Samojede diente Rentiernomaden in Sibirien nicht nur als Zugtier, sondern in ihren Jurten auch als Heizkissen. Der kleinere Siberian Husky wurde in den ersten Jahrzehnten des 20. Jahrhunderts in Alaska auf Schnelligkeit gezüchtet und gewann bald die Rennen gegen den größeren Alaskan Malamute. Das Wappentier Alaskas, benannt nach einem Inuitvolk, wurde nicht nur als Schlittenhund für schwere Lasten, sondern auch auf seine Menschenfreundlichkeit hin gezüchtet.

Der Grönlandhund dagegen kam mit den Inuit auf ihren Wanderungen um 1000 nach Christus aus Alaska und Nordkanada nach Grönland und ist seither unverändert geblieben. „Er ist unfassbar ausdauernd", urteilt Morten Meldgaard, Biologe und Professor an den Universitäten Kopenhagen und Nuuk. „Es gibt kein anderes Nutztier mit dieser Fähigkeit, unter derart harten Bedingungen so viel zu leisten." Ihr Organismus habe im Lauf der Jahrhunderte eine erstaunliche Fähigkeit entwickelt, Fette als Energiequelle zu nutzen und der Kälte zu widerstehen. Die Hunde liegen auch bei minus 40 Grad Celsius im Freien. Nach einem Blizzard ragt morgens nur die Schnauze aus dem Schnee.

Der Stammbaum reicht sehr weit zurück. Walknochen, die als Kufen dienten, deuten darauf, dass Menschen schon vor 10 000 Jahren Hundeschlitten benutzten. Eine Forschergruppe um Morten Meldgaard untersuchte einen Knochen eines 9500 Jahre alten Hundes von der sibirischen Schochowinsel und fand „bemerkenswerte genetische Ähnlichkeiten" zu heutigen Schlittenhunden. Offenbar begleitet der Grönlandhund seit Jahrtausenden die Menschen der Arktis und wird auf Laufvermögen und Kälteresilienz gezüchtet. Da das Leben der Menschen von den Hunden abhing, erließ Grönlands Regierung ein Gesetz, um die Widerstandsfähigkeit der Vierbeiner zu bewahren: Im Westen Grönlands sind nördlich des Polarkreises keine anderen Rassen als Grönlandhunde erlaubt. So werden Einkreuzungen vermieden.

Doch die Arktis erwärmt sich, und das Meereis geht zurück. Immer kürzer wird die Jahreszeit, da es mit Hundeschlitten sicher befahren werden kann. Der Klimawandel ist ein wesentlicher Grund, warum der Grönlandhund in seinem Fortbestand bedroht ist. In Ilulissat, der drittgrößten Stadt Grönlands, leben neben 4670 Einwohnern zwar noch 3108 Hunde. Für viele Grönländer ist dies aber ein beklagenswerter Rückgang: Zur Jahrtausendwende gab es noch mehr als 8000 Hunde in Ilulissat.

Diese Entwicklung findet sich überall. Der Bestand der Grönlandhunde ist in den vergangenen drei Jahrzehnten um fast 60 Prozent zurückgegangen, von 32 000 auf rund 13 721 Tiere, laut den jüngsten Zahlen der Statistikbehörde. Manche Tierfreunde finden diese Entwicklung eher erfreulich; ihnen gilt das traditionelle Leben der Schlittenhunde als Quälerei. Den Sommer über sind Grönlandhunde angekettet, mit einem Bewegungsradius von ein paar Metern. Nur Welpen dürfen bis zu einem Alter von einem halben Jahr streunen. Die erwachsenen Tiere stehen so weit vom nächsten entfernt, dass sie nicht miteinander kämpfen und sich schwer verletzen können. Ob das artgerecht ist, fragt sich in Grönland kaum jemand. Die Besitzer sind sogar per Gesetz verpflichtet, die Hunde auf diese Art zu halten.

Tierärztin Rikke Langebæk von der Universität Kopenhagen untersuchte Hunderte von Schlittenhunden. „Wenn ich die Wahl hätte, wäre ich lieber ein Schlittenhund in Grönland als ein großer Hund, der im fünften Stock einer Kopenhagener Stadtwohnung eingesperrt ist", meint die Veterinärin. „Zwar sind die Grönlandhunde angekettet, aber sie sind immer im Rudel zusammen und haben damit ihre so notwendigen sozialen Kontakte."

Tatsächlich warnt der Fachverein Deutscher Club für nordische Hunde davor, sich einen Grönlandhund anzuschaffen. „Er ist kein Einmannhund, und es kommt immer wieder zu Rangordnungskämpfen, sowohl mit seinesgleichen als auch mit dem Besitzer und anderen Familienmitgliedern. Er fühlt sich am besten im Freien unter seinen Artgenossen." Der Hund stelle hohe Anforderungen. Nur mit Einfühlung und Konsequenz werde er zu einem sozial verträglichen Familienhund. „Sein Arbeits- und Bewegungsdrang darf nicht unterschätzt werden, und es reichen zumeist auch ausgedehnte Spaziergänge nicht aus." Also liegt die Zukunft der Rasse in Grönland. Zwar geben viele Berufsjäger ihre Gespanne auf. Aber junge Grönländer könnten die Rasse und die Schlittenkultur retten, sie beginnen die Hunde als Hobby zu halten, um Touren zu fahren oder für Wettkämpfe zu üben. Die besten Schlittenhundeführer kommen einmal im Jahr zusammen, um den grönländischen Meister zu küren.

das Studium musste er wegen seiner Schreibschwäche abbrechen. Rechnen konnte er immer. Mit seinem eigenen Fischkutter verdiente er gutes Geld, als erster Einheimischer chauffierte er Touristen auf einem Schnellboot durch den Eisfjord bei Ilulissat, baute dort Wohnungen und verkaufte sie wieder.

Aber jetzt, mit 44 Jahren, macht er das, was er am meisten will: Von Qaanaaq geht es mit zwei Schlitten und 27 Hunden nach Pituffik, von dort mit einem kleinen Flugzeug über die Baffin Bay, weil das Meereis zu unsicher ist. Von Qausuittuq auf der Cornwallisinsel fahren Fleischer und Danielsen entlang der Nordwestpassage, wo kleine Inuitsiedlungen an der Küste aufgereiht sind, wie Perlen an einer Schnur – allerdings mit riesigen Abständen. Das erste Ziel, Taloyoak, erreichten sie nach 800 Kilometer Fahrt nach 18 einsamen Tagen. Es geht weiter nach Gjoa Haven, Iqaluktuuttiaq, Paulatoq, Tuktoyaktuk, Inuvik, Qaqtovik – und schließlich, nach 88 Tagen, zum Endpunkt Point Barrow in Alaska, der nördlichste Punkt des amerikanischen Kontinents.

Überall besuchen sie Schulen und Gemeindehäuser, halten Vorträge über Grönland und darüber, wie sich die Menschen hier und dort ähnelten. Manchmal gelingt die Verständigung so gut, „als seien wir zu Hause in Grönland". Doch vielerorts sprechen die Jungen nur noch Englisch: „Ab den Sechzigerjahren schickte die kanadische Regierung fast alle Kinder in Internate weiter südlich. Wenn sie mit 16 Jahren zurückkamen, hatten sie ihre Sprache vergessen."

Dagegen haben die Inuit in Kanada ihren Trommeltanz bewahrt, während die dänischen Missionare den Grönländern die heidnische Musik meist schon vor Generationen ausgetrieben hatten. „Die Trommelschläge gehen mir direkt in die Seele", sagt Ono. Sie scheinen ihm zu den monotonen Tagen in der Wildnis zu passen, wo die Natur den Takt genauso hart schlägt.

„Besonders berührend waren die Begegnungen mit alten Leuten. Viele wollen auf den Hundeschlitten mitfahren", erzählt Ono. „Dann liefen ihnen Tränen über die Wangen." In der Provinz Nunavik, so erzählten es ihm die Alten auf einer weiteren Expedition sechs Jahre später, sei Anfang der 1960er kanadische Polizei eingeflogen. Die Polizisten hätten rund 8000 Hunde erschossen. Auch die in Iglus versteckten Tiere seien aufgespürt worden, manche Gespanne sogar in der Wildnis eingeholt und massakriert worden. „Es war, als ob man in Europa sämtliche Fahrzeuge aus dem Verkehr zieht", sagt Ono, „es war Mord an einer Kultur." Denn ohne ihre Hunde hätten die Inuit ihre nomadische Lebensweise aufgeben und sich in

EIN TEMPO VON FÜNF BIS ACHT KILOMETERN IN DER STUNDE HÄLT EIN GESPANN VIELE TAGE AUFRECHT

Linke Seite In Wind und Kälte. *Oben* Sturm macht den Hunden nichts aus

Arbeitet an einem Modell für die Bronzestatue: Frederick Roth

BALTO UND TOGO

Eine Diphtherieepidemie in Alaska und ein Staffellauf mit dem lebensrettenden Serum machten die Schlittenhunde Balto und Togo unsterblich

Von Bernd Hauser

DIE TAT IST ALLES; NICHTS DER RUHM", BEHAUPTETE Goethes Faust. Wenn es so einfach wäre, hätte sich Leonhard Seppala nicht so gepeinigt gefühlt von dem neuen Denkmal im New Yorker Central Park. Dass der Schlittenhund Balto dort im Jahr 1925 eine Statue erhielt, „war fast mehr, als ich ertragen konnte", meinte der Schlittenhundeführer. Denn eigentlich hätte ein anderes Tier das Monument viel mehr verdient, meinte er: Togo, der Leithund seines eigenen Gespanns.

Im Februar 1925 verfolgten die Amerikaner in den Zeitungen und im neuen Massenmedium Radio gebannt den Staffellauf von 20 Mushern und rund 150 Hunden in ihrem „Wettlauf gegen den Tod". In Nome in Alaska war Diphtherie ausgebrochen. Mehrere Kinder waren innerhalb von wenigen Tagen daran gestorben. Würde die Stafette das lebensrettende Serum rechtzeitig in die Stadt mit ihren 1429 Einwohnern bringen? Ein täglicher Cliffhanger: Nome, die Stadt an der Westküste, von gefrorenem Meer und von schneebedeckter Tundra umschlossen, war im Winter sieben lange Monate nicht per Schiff, sondern ausschließlich mit Hundeschlitten erreichbar. Aber die Telegrafenleitung und damit die Nachrichtenversorgung funktionierten auch bei minus 34 Grad Celsius zuverlässig.

Gewöhnlich brauchten Musher, die Schlittenhundeführer, 15 bis 20 Tage für die 1085 Kilometer lange Strecke von der Eisenbahnstation Nenana bis Nome. Der Staffellauf brachte das Serum den Yukon River hinauf und an der Küste des Norton Sounds entlag in nur fünf Tagen und siebeneinhalb Stunden ans Ziel.

Die Schlussläufer waren die Hunde von Gunnar Kaasen. „Es wehte ein Sturm aus Nordwest. Ich konnte den Weg nicht sehen. Teilweise konnte ich nicht einmal meine Hunde sehen. Ich vertraute Balto, meinem Leithund. Er hat nicht ein einziges Mal gezögert. Es war Balto, der mir den Weg wies – es ist alles sein Verdienst." So zitierte die „New York Times" den Musher – vermeldete „die Epidemie unter Kontrolle" und forderte, dass Balto „ein Denkmal bekommen sollte, wenn er einmal unter der Tundra begraben liegt".

Kaasens und Baltos Etappe betrug 85 Kilometer. Andere Musher und ihre Hunde hatten mindestens ebenso Großes geleistet. Charlie Evans etwa soll selbst am Schlitten gezogen haben, nachdem zwei seiner Leithunde im Geschirr erfroren waren. Die längste Strecke legte Leonhard Seppala zurück, insgesamt 420 Kilometer. Zunächst fuhr er mit seinem Gespann um Leithund Togo von Nome aus dem Serum entgegen und transportierte es dann von Shaktoolik nach Golovin über eine Distanz von 146 Kilometern.

Bis heute ist die Bronze der Statue im Central Park blank von den vielen Kindern, die auf Balto klettern. Aber letztlich hat Togo ihn an Unsterblichkeit übertroffen. Nicht nur, weil Disney dem Hund 2019 einen Spielfilm widmete. Leonhard Seppala hatte in Alaska begonnen, aus Sibirien eingeführte Hunde als verträgliche Arbeitstiere zu züchten. Die Gene von Rüde Togo spielten dabei eine große Rolle. Im Jahr 1930 erkannte der Rassehundedachverband in den USA die Rasse offiziell an. Seither gilt Togo als wichtiger Stammvater des Siberian Husky.

Schlittenhunde sind keine Haustiere. Sie fühlen sich am wohlsten im Freien unter Artgenossen

festen Siedlungen niederlassen müssen, so wie von der Regierung gewünscht. „Unseren Besuch empfanden die Alten deshalb als Rückkehr der Hunde und ihrer Jugend."

Manche Alte erzählten, die Aktion sei Rache gewesen. Die Frau eines Polizisten sei von Hunden totgebissen worden. „Möglich wäre es", sagt Ono. „Die Hunde können sehr gefährlich werden. Ich habe immer nur meinen eigenen getraut." Als Kind in Ilimanaq ging er immer nur auf 100 Meter an ein Haus heran. Dort ließ er sich von einem Bewohner zum Haus geleiten, damit die nur halb domestizierten Hunde nicht angriffen. Gerade Kinder seien in früheren Zeiten totgebissen worden. Deshalb sieht das Hundegesetz in Grönland vor, dass die Arbeitstiere immer angekettet sein müssen. Einmal in Kanada verfolgten die eingespannten Hunde ein krankes und geschwächtes Ren, ohne dass sie noch auf Ono hörten. „Als sie es eingeholt hatten, war es in wenigen Sekunden zerrissen." Ein anderes Mal riss sich ein Hund los, um einen Eisbären zu verfolgen. Ono und sein Reisegefährte warteten einen Tag. Der Hund kam nicht zurück.

Insgesamt besaß Ono in seinem Leben 250 Hunde, auf allen Fahrten verlor er nur einen einzigen. „Wenn die Hündinnen läufig sind, werden sie besonders aggressiv. Manchmal fügen sie sich schwere Bisse zu." Nach einem Biss bekam einer der Hunde Blutvergiftung, er fuhr einige Tage auf dem Schlitten mit, aber die Antibiotika halfen nicht. „Ich musste ihn erlösen."

Karo kommt zurück zur Hütte, mit zwei Röhrlingen und ein paar Stängeln Engelwurz. „Karo, wie war das mit dem Heiratsantrag auf dem Eisschild? Hast du sofort Ja gesagt?" Karo blickt ihren Mann an. „Habe ich das, Ono?" – „Du erinnerst dich nicht?" – „Ich erinnere mich nur, wie sehr mir die Hunde leidtaten." Ono lacht. Nach seinen ersten Reisen sei er nach der Rückkehr in Einsamkeit und Niedergeschlagenheit versunken. „Du kannst deine Erlebnisse nicht teilen, weil niemand sie nachempfinden kann." Die Einsamkeit verschwand ab 1998, seit ihn Karo begleitet. Sie versteht, was Ono in seinem Buch schreibt. „Ich hatte das Gefühl, dass ich über alles herrschte, dass ich Macht über die Dinge hatte, dass ich in das große Land aus Eis, Schnee und Kälte ging, wo ich hingehörte."

Autor Bernd Hauser, Jahrgang 1971, lebt mit seiner Familie in Kopenhagen in einer Genossenschaftswohnung und bedauert, dass dort keine Hunde erlaubt sind.

Fotograf Ragnar Axelsson, Jahrgang 1958, lebt in Kópavogur auf Island. Seit mehr als 40 Jahren macht er Bilder von Menschen, Tieren oder auch Landschaften in den entlegensten Regionen Grönlands, Islands und Sibiriens.

Von Andrea Walter

DIE PUFFHUNDE

Sie schauen so unschuldig – jene Keramikhunde, die Seefahrer einst von ihren Reisen mitbrachten. Aber sind sie es auch? Oder vielmehr: Waren die Seefahrer es? Schließlich gibt es ein Gerücht, das an ihnen klebt. Eine Spurensuche

EINE LÜGE IST BEREITS DREIMAL um die Erde gelaufen", hat Mark Twain einmal gesagt, „bevor die Wahrheit sich die Schuhe anzieht." Für Gerüchte gilt vermutlich dasselbe. Vielleicht haben sie sogar einen längeren Atem. Denn Lügen lassen sich zumindest entlarven – und somit beenden. Gerüchte dagegen sind von Beginn an diffus. Beweislos wabern sie ihres Wegs.

Doch was hat das mit den gelockten Keramikhunden zu tun, die Seefahrer einst von ihren Reisen aus England mitbrachten? Mit jenen Kreaturen namens „Staffordshire Dogs", die heute noch in manch altem Seemannshaus stehen oder in maritimen Museen – und die, je nachdem, wie man sie betrachtet, treuherzig dreinschauen oder auch blasiert?

Nun, es umweht sie ein Gerücht. Es heißt, es wären „leichte Damen" gewesen, die sie in ihren Etablissements als Souvenirs verkauften, um ihr Gewerbe zu tarnen – damals, zu viktorianischen Zeiten, als die Prostitution teilweise verboten war. Man munkelt: Die Hunde, auf Fensterbänken platziert, zeigten sogar an, ob eine Dame gerade „frei" war. Blickten sie ins Haus hinein, war bereits jemand da. Schauten sie zum Fenster hinaus, war die Luft rein. „Puffhunde" werden sie deshalb auch genannt.

Doch ist was dran? So ein Gerücht ist schnell in die Welt gesetzt, die Wahrheit hingegen oft mühsam und komplex.

Ein Anruf in Ostfriesland im Deutschen Sielhafenmuseum Carolinensiel, das mehrere Hundepaare in der Sammlung hat, ergibt: Die wissenschaftliche Mitarbeiterin Julia Kaffarnik kennt die Legende. Für wahr hält sie sie jedoch nicht. „Die Schiffer hätten sie ihren Frauen nicht mitgebracht, wenn diese von Prostituierten benutzt worden wären. Das wäre ein zu harter Affront gewesen", glaubt sie. Eine Nachfrage in Woodstock bei dem Keramikspezialisten John Howard ergibt Ähnliches. „Es ist eine Geschichte, die dann und wann kursiert", sagt er. Mag sein, dass es einmal lokal vorgekommen sei, an eine übliche Praxis glaubt er nicht.

Auch Gaye Blake-Roberts, die frühere Direktorin des Wedgwood-Museums für Keramik in Staffordshire, kann für die Geschichte keine Beweise finden, stieß aber selbst auf eine: Angeblich waren es die Frauen in der Heimat, die die Hunde nutzten, um ihren Liebhabern zu signalisieren, ob ihr Mann zu Hause war oder auf See. Zeigten die Hunde einander ihre Rücken, war er da, schauten sie einander an, durfte der Liebhaber kommen.

Die Legende also zumindest gibt es – bei uns, in England und auch in Dänemark. Nur stets ohne Belege. Kam sie auf, weil man offenbar sowohl den Seeleuten als auch ihren Frauen wegen des häufigen Getrenntseins ein lasterhaftes Leben unterstellte? Wir wissen es nicht.

Vielleicht hilft es, die Frage anders zu stellen: Wieso traf das Gerücht ausgerechnet die Hunde? Sie müssen zumindest eine Bedeutung gehabt haben. Wer verbreitet schon Flurfunk über Dinge, die keinen interessieren? Ziehen wir uns, mit Mark Twain, also die Schuhe an und nähern uns der Wahrheit.

Alles beginnt mit einer Mode, mit Ursprung in Fernost. Vermutlich war es Marco Polo, der die ersten Stücke feinen Porzellans aus China nach Europa brachte.

Blaue Hunde für die Blaublütigen: King-Charles-Spaniel waren beim britischen Adel beliebt – auch als Miniatur

Etwa seit dem 16. Jahrhundert begann der Import. Vor allem der Adel dürstete nach dem „weißen Gold". Spätestens seit dem 17. Jahrhundert blühte der Handel mit China, das eigens für den europäischen Markt produzierte. Das Porzellan wurde auf Reisstroh gebettet, in Kisten verpackt und vielfach verschifft – etwa mit den ostindischen Handelskompanien im 17. und 18. Jahrhundert. So kam es, dass auch wohlhabende Bürger in den europäischen Hafenstädten ins „Chinasammeln" einstiegen. Und nicht nur sie. Auch Seefahrer von der Ost- und Nordsee, die auf den Chinafregatten mitfuhren, kauften Reiseandenken aus Porzellan – Punschbowlen mit Schiffsmotiven, Schrankvasen, Teller mit maritimem Dekor. Anfangs vermutlich vor allem die Kapitäne und Steuerleute, schon wegen des hohen Preises. Doch Matrosen zogen bald nach. China bot auch günstigere Teile, in mäßiger Qualität. Aber das war einerlei. Zu Hause sorgte es für Freude und Exotik.

„Großmutters Wohnung übte auf mich einen abenteuerlichen Zauber aus", berichtet ein Nachfahre eines dänischen Ostasienfahrers. „Wenn man die Tür öffnete und auf dem bunten Flurteppich stand, war man in China!" Von „Prestigekeramik" spricht daher der Volkskundler Wolfgang Rudolph in seinem Buch „Seefahrer-Souvenirs" von 1982. Bei solcher Begehrtheit war es kein Wunder, dass man auch in Europa nach der Rezeptur für Porzellan verlangte. Doch die Chinesen waren verschwiegen. Also tüftelte man selbst. Den ersten Erfolg vermeldete Dresden 1708, bald darauf wurde das weiße Gold – aus kostbarem Kaolin, Feldspat und Quarz – in Meißen verfeinert.

Englische Töpfer aus der Grafschaft Staffordshire, wo es reichlich Ton gab und Kohle, um die Öfen zu befeuern, experimentierten bald darauf mit einer steingutähnlichen Masse. Es wurde ein Coup. Zwar war die Erfindung kein Porzellan, aber diesem zumindest ähnlich. Und das Beste: Es war wesentlich günstiger herzustellen. Die Zutaten waren preiswerter und die Brenntemperaturen niedriger. Zahlreiche Manufakturen entstanden. Nicht nur in Staffordshire, auch in anderen Teilen Englands. Wieder waren es Seeleute, die die Waren transportierten und zudem als Geschenke mitbrachten.

Der Berliner Propst Johann Friedrich Zöllner berichtete von einer Reise 1795 nach Hiddensee: „Die verheirateten Männer bringen ihren häuslichen Weibern, um sie für die Abwesenheit von drei oder vier Jahren zu entschädigen, irgendeine ausländische Kostbarkeit mit. So sahen wir in einigen Stuben längs der Wand auf einem Brette schöne braune oder bunte englische Tassen von Steingut nebst anderen zierlichen Kleinigkeiten aufgestellt, welche uns die Frau zeigte und dabei mit einer Art von triumphierender Miene sagte: Das hat der Mann aus der Ferne mitgebracht!"

In England war eine richtige Industrie entstanden. Man produzierte Geschirr und Figuren für jeden Bedarf und Geschmack. Darunter: Helden, Mitglieder der Königsfamilie, Tiere. Voltaire war dabei, Rousseau, ebenso wie Bierkrüge mit tränenreicher Seemannslyrik, die von Abschieden erzählte. Auch Gefäße mit gol-

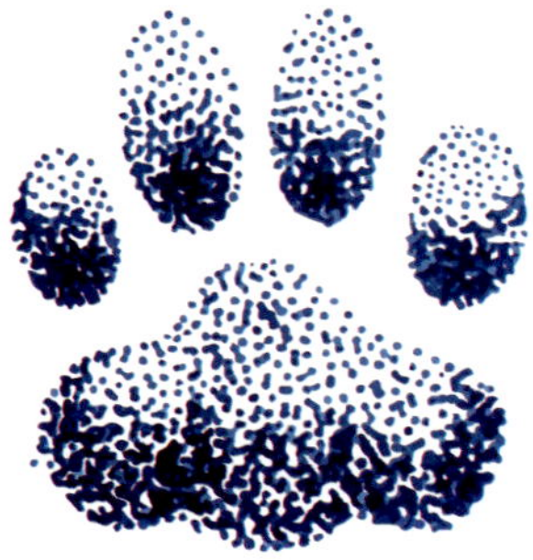

dener Verzierung gab es, an norddeutschen Küsten „Goldpötte" genannt. Oder: Lämmer, Löwen, Katzen. Den größten Durchbruch aber hatten die Hunde. Vielleicht, weil Hunde damals domestizierter waren als Katzen. Vermutlich aber vor allem wegen Queen Victoria.

Die Regentin bestieg 1837 den Thron. Und wohin sie auch fuhr, stets hatte sie ihren Lieblingshund Dash dabei. Jeder kannte ihn, jeder liebte ihn. Er war ein King-Charles-Spaniel, eine britische Hunderasse, beim Adel höchst beliebt. Man malte ihn, stickte sein Konterfei. Die englischen Töpfer, die zuerst den Mops modelliert hatten – weil der in Frankreich en vogue war –, die aber auch andere Hunderassen in Steingut verewigten, witterten ihre Chance: Sie schufen den Spaniel en miniature. Das Volk war verzückt. Bald hatte fast jedes bürgerliche Heim, fast jeder Arbeiterhaushalt jenen Spaniel zu Hause. Man kaufte sie paarweise und stellte sie auf die Simse der Kamine.

Und noch etwas trug zur Verbreitung bei: Ab 1840 vereinfachten die Töpfer die Herstellung – nun modellierte man nur noch die Vorderseiten, die Figuren bekamen flache Rücken. Spätestens jetzt waren sie auch für einfache Matrosen erschwinglich. Kein Wunder, dass sie unsere Küsten in Massen erreichten.

Schließlich boomte in jenen Jahren zudem die Seefahrt nach England. Fast jeder Jugendliche aus den Hafenvierteln der Seestädte an Nord- und Ostsee heuerte an. Jedes Frühjahr brachen unzählige Schiffe aus Deutschland, Dänemark, Norwegen, Schweden, Finnland, Niederlande nach England auf. Auf dem Hinweg hatten sie Getreide, Obst, Bauholz an Bord, auf der Rückfahrt Kohle, Mühlsteine, Zucker, Industrieprodukte – und fürs private Glück: Goldpötte und putzige Hunde.

Anfangs kam das gut an. Die Goldpötte wurden so gestellt, dass sie in der Sonne glänzten. Sogar neuartige Kommoden schaffte man an, um die Habseligkeiten zur Schau zu stellen. Und an langen Winterabenden erfreute man sich am Schattenspiel, das die Figuren im flackernden Schein der Kerzen warfen. „Damals gehörte ja so wenig dazu, um Freude in ein armseliges Arbeiterheim zu bringen", zitiert der Volkskundler Wolfgang Rudolph in seinem Buch eine Quelle aus Dänemark. „Meine Mutter ging öfter zu der Kommode, die unter dem einen Fenster stand, und nahm die beiden Hundefiguren zur Hand: ‚Ja, die hast du damals auf deiner Reise für mich gekauft. Das war 1897. Und ich freue mich noch immer dazu, und ich schaue hin, wenn es draußen weht. Ich bin ja immer so bange, dass ich einen von euch Jungs verlieren könnte …'"

Manche Matrosen erstanden die Hunde von ihrer ersten Heuer, während ihre Mütter und Frauen die Männer vermissten und sich um sie sorgten. Entsprechend emotionsbeladen und überhöht waren die Mitbringsel. Und so geschah, was geschehen musste: Sie kamen zu Fall. Ein Strandwanderer in Mecklenburg spottete 1885: „Muscheln und Korallen aus fernen Ländern zieren Kommode und Schränke; auf diesen stehen gemeinhin auch zwei Pudelhunde aus englischer Fayence in den verschiedenen Größen, alle in gleicher Haltung und mit gleich bissigem Gesicht. Fast in jedem Haus der Küstendörfer, wo nur ein Mitglied der Seefahrt angehört, trifft man auf Exemplare dieser Bestien." Was einst als erlesen und kostbar galt, wurde nun verlacht. Vielleicht, weil es nun billig war und jeder hatte?

Jedenfalls kam „von irgendwoher die Story von der Dreiecksbeziehung zwischen diesen Hundefiguren, den britischen Hafenprostituierten und den Seeleuten auf", meint Wolfgang Rudolph. Und sie verbreitete sich – vor allem im norddeutschen Raum zwischen Kiel und Rügen, aber auch in Dänemark, während sie an der Kurischen Nehrung, in Finnland und Schweden unbekannt zu sein scheint.

Doch auch Rudolph weckt nicht den Eindruck, als glaube er die Pufflegende. „Sie könnte an einem Stammtisch von Badegästen oder in einer feuchtfröhlichen Runde einer Künstlerkolonie, eventuell auch in einem Offizierskasino entstanden sein", mutmaßt er. Er hält es sogar für denkbar, dass Yachtsegler oder Maler des Fischermilieus an der Kolportage beteiligt waren. „Die Künstler dabei vielleicht in durchaus guter Absicht: im Bestreben, durch eine Art von Schocktherapie den als Kitsch verpönten besitzbügerlich-pompösen Makartstil der Jahrhundertwende samt seiner Nippesfiguren überwinden zu helfen."

So mancher Hund aus Staffordshire jedenfalls landete auf dem Müll. Möglicherweise auch, weil man nun als tugendsam gelten wollte, wie die feinen Herrschaften, zu denen man aufsah. Interessant ist zudem, dass die Goldpötte oft bleiben durften. Vielleicht, weil sie in keiner Legende auftauchten? Doch was lernen wir daraus? Vielleicht etwas über die Macht von Geschichten? Vielleicht, dass all dies mehr über den Menschen erzählt als über den Hund? Wie schrieb schon Homer: „Doch wir horchen allein dem Gerücht und wissen durchaus nichts."

Andrea Walter, Jahrgang 1976, kennt die Kamin- oder Puffhunde aus dem Museum Altes Zollhaus auf der ostfriesischen Insel Baltrum und von Spaziergängen durch das Treppenviertel in Hamburg-Blankenese, wo sie auf den Fensterbänken manch schöner Häuser stehen. So kam es, dass sie die Fährte aufnahm.

UNSERE WELT

...TRENNEN WELTEN

taz Verlags- und Vertriebs GmbH, Friedrichstr. 21, 10969 Berlin

Ungleiche Welt

Das neue Infografik-Wunder aus der beliebten Atlas-Serie von *Le Monde diplomatique* ist da. In sechs Kapiteln – über die Klimakrise, ungelöste Konflikte, Finanzen, Ressourcenverbrauch, Gesundheitspolitiken und Ernährung – schaut der neue Atlas der *Globalisierung* auf unsere ungleiche Welt.

Mit über 300 neuen Karten und Infografiken von Adolf Buitenhuis. Und Digital-Fans können sich über eine Neuerung freuen: Jede Karte und jede Infografik lässt sich einzeln herunterladen.

Jetzt vorbestellen

monde-diplomatique.de/atlas
broschiert, mit mehr als 300 neuen Karten und Infografiken auch zum Downloaden

Sie sind weltweit berühmt, die Cani Salvataggio, die Wasserrettungshunde, die in den Sommermonaten Italiens Strände bewachen. Um Badegäste vor dem Ertrinken zu bewahren, müssen sie trainieren, selbst den Sprung aus dem Helikopter. Ansonsten kann jeder Hund Rettungsschwimmer werden. Solange er mindestens 25 Kilogramm schwer ist

Fotos: Jan Windszus

FELL-HELDEN

Text: Petra Reski

FLACH. DAS IST DAS ADJEKTIV, DAS am meisten gebraucht wird, wenn von der Oberen Adria die Rede ist. Caorles Unique Selling Point ist der 18 Kilometer lange Strand Levante, so seicht abfallend, dass man gefühlt Kilometer durchs Wasser waten muss, bis man endlich Schwimmtiefe erreicht. Ein Reiseveranstalter empfiehlt Caorles Stadtstrand mit dem Satz: „Da es hier besonders flach ins Meer geht, werden vor allem Familien mit kleinen Kindern an diesem Strandbereich unbeschwerte Sommertage verbringen können, ohne sich zu sehr um die Jüngsten zu sorgen."

Und genau das ist das Problem der Strände an der Oberen Adria: dass sie so harmlos daherkommen. Badewannenwarm, glatt und flach. Wie gemacht für Nichtschwimmer und all jene, denen das Meer nicht geheuer ist. Die einfach nur dümpeln wollen, in der Gewissheit, den Boden unter den Füßen nicht zu verlieren. Untiefen sind da nicht eingeplant, von gefährlichen Strömungen ganz zu schweigen. Im Juni ertrank an Caorles flachem Ponente-Strand im Westen ein 70-jähriger Österreicher nahe der Uferlinie, und am selben Tag wäre eine 83-jährige Deutsche hier ebenfalls fast ertrunken.

Wäre an Caorles Levante-Strand natürlich nicht passiert. Jedenfalls nicht am Wochenende, wenn die Wasserrettungshunde hier patrouillieren. Wobei von patrouillieren in diesem Moment noch keine Rede ist. Es ist früh am Morgen, der Sand ist frisch geharkt und unberührt, als die Hundestaffel der italienischen Rettungshundeschule, der Scuola Italiana Cani Salvataggio, kurz SICS, Sektion Veneto und Emilia-Romagna, ihr Lager am Strand von Caorle aufschlägt. In Form eines weißen Faltpavillons neben dem Rettungsturm Nummer 11.

Heute sind Ada und Kira im Einsatz. Ada ist ein cremeweißer Golden Retriever, Kira ein cremeweißer Labrador. Sie dösen noch in ihren Transportkäfigen. Erst wenn ihnen die roten Schwimmwesten mit Halteschlaufen und Abseilösen angelegt werden, kurz „die Rüstung" genannt, betrachten sie sich im Dienst, der morgens um halb zehn beginnt und um halb sieben abends endet.

Seit zehn Jahren ist die Hundestaffel von Juni bis September am freien Strand im Osten von Caorle ehrenamtlich im Einsatz, an jenem Stück Meeressaum, das nicht parzelliert und besetzt ist von Strandliegen in abgezirkeltem Abstand, sondern all jenen freisteht, die hier ein Handtuch ausbreiten wollen. Gern auch mit Hund. Der allerdings an der Leine geführt werden muss. Was natürlich – wir befinden uns in Italien – nur selten befolgt wird. Und deshalb fühlen sich hier selbst wandelnde Wischmopps berufen, sich in sicherem Abstand vor dem Faltpavillon der Hundestaffel besinnungslos zu kläffen.

Was Kira und Ada nicht einmal das Heben eines Augenlids abringt. Wir haben es hier mit nichts Geringerem als einer Eliteeinsatztruppe zu tun, die keinen Blick auf diese zänkischen Bastarde verschwendet. Die italienische Schule für Wasserrettungshunde SICS ist europaweit, wenn nicht international, führend auf dem Gebiet der Ausbildung von Wasserrettungs-

Vorhergehende Doppelseite **Golden Retriever Giotto.** *Unten* **Alessandro mit Ada (links) und Kira**

hunden und blickt auf gut 30 Jahre Einsatzerfahrung zurück. Wasserrettungshunde haben in Italien mehr als 100 Menschen vor dem Ertrinken gerettet, da verschwendet man keinen Blick auf Hündchen, die unter Kontrollverlust leiden.

In Italien versehen 300 Hundestaffeln an vielen italienischen Stränden ihren Dienst. Es ist eine italienische Erfolgsgeschichte, die dazu geführt hat, dass die italienische Schule sogar in Deutschland Wasserrettungshunde ausgebildet hat. Wie alles begonnen hat, kann man in dem Buch „Ich bin Mas“ nachlesen, in dem ein Neufundländer erklärt, wie man Menschen aus dem Wasser rettet. Ghostwriter des Hunds ist Ferruccio Pilenga, Präsident und Gründer der italienischen Schule für Wasserrettungshunde – der sich durch Sportpatentprüfungen für Neufundländer in Frankreich inspiriert fühlte, Techniken für die Wasserrettung durch Hunde aufzubauen.

Pilenga entwickelte seine Idee mitsamt der nötigen Technik gemeinsam mit Freunden in oberitalienischen Seen, im Iseosee und im Morosee. Sein Hund Mas ist nicht zufällig ein Neufundländer: Sie sind die ausdauerndsten Schwimmer unter den Hunden, gefolgt von Golden Retriever und Labrador – wie Ada und Kira.

Ada hat mit sechs Monaten die Ausbildung zum Wasserrettungshund angefangen, Kira mit zwei Monaten. Novizen müssen mindestens ein Jahr lang trainiert haben, bevor sie die Prüfung ablegen dürfen. Bei der von SICS entwickelten Rettungstechnik kommt nicht der Hund allein zum Einsatz, sondern immer die Einheit aus Hund und Halter. Die Hunde sind praktisch eine Art Außenbordmotor, der den Halter zum Ertrinkenden zieht. Sie können auch ganze Schlauchboote an Land ziehen, es gibt welche, die springen sogar aus einem Hubschrauber – und das Einzige, was diese hoch ausgebildeten Hunde nicht können, ist sprechen. Deshalb muss hier der Halter einspringen, um zu erklären, wie die Ausbildung des Wasserrettungshunds aussieht.

Im Fall von Kira ist das der Berufssoldat Alessandro, der kurz erläutert, dass sich außer Neufundländern die Golden Retriever und Labradore am besten für eine Karriere als Wasserrettungshund eignen – weil diese Rassen in England, ihrem Ursprungsland, dafür ausgewählt wurden, Wild nach dem Erlegen aus dem Wasser zu holen. Im Grunde aber, erklärt Alessandro, ist jeder Hund geeignet, um sich als Wasserretter zu qualifizieren, Hauptsache, er ist mindestens 25 Kilogramm schwer. In der Sektion Veneto, die sich das ganze Jahr über in Treviso zum Hundetraining trifft, wurden bereits American Staffordshire Terrier, Boxer, Berner Sennenhunde, Bullmastiffs, Briards, Sibirische Huskies, Leonberger, Dobermänner, Border Collies, Belgische Schäferhunde, Rottweiler, Mischlinge und sogar ein Pitbull erfolgreich zum Wasserrettungshund ausgebildet. Denn das Wichtigste ist am Ende die enge Beziehung zwischen Hund und Halter, die Erziehung, die alles möglich macht. Ja, im Grunde eigentlich die Liebe.

Wie eng Alessandros Beziehung zu seinem Labrador ist, davon zeugt nicht nur

Lesen Sie bitte weiter auf Seite 70

Lauro übt mit Ada einen schnellen Rettungseinsatz

SANREM

Kiras Blick, der jede Bewegung von Alessandro verfolgt, stets bereit, einen Befehl auszuführen, sondern auch Alessandros Rücken, auf dem Kiras Name eintätowiert ist, zusammen mit einem Phönix, der aus der Asche aufsteigt. Daneben zwei Jahreszahlen, 2010 und 2014, den, wie Alessandro sagt, wichtigsten Daten seines Lebens: Im Jahr 2010 war er als 22-jähriger Soldat in Afghanistan, als eine Bombe den Luchs-Panzerwagen in die Luft sprengte, den Alessandro fuhr. Die vier Soldaten im Innern des Panzerwagens überlebten nur, weil die Bombe nicht vollständig explodiert war. Alessandro war so schwer verletzt, dass er zwölfmal an der Wirbelsäule operiert werden musste und neun Monate im Bett verbrachte. Er litt unter Schwindelanfällen und posttraumatischen Belastungsstörungen – die sich erst legten, als vier Jahre später der Labrador Kira in sein Leben trat und Alessandro wieder in seine Welt zurückführte. Deshalb der Phönix auf Alessandros Rücken.

Adas Halter ist Lauro, ein Immobilienmakler aus Mestre. Bis ein Hund hier zum Einsatz kommt, hat er ein hartes Training hinter sich. Er muss sich auf Kommando setzen oder hinlegen, an Ort und Stelle bleiben oder mit oder ohne Leine links vom Hundeführer gehen.

Um die Lizenz als Wasserrettungshund zu erreichen, müssen Hund und Halter verschiedene Prüfungen absolvieren: von Gehorsamkeitsprüfungen an Land – Lauf am Ufer, unterbrochen von Befehlen wie Sitz, Platz, Bleib – bis hin zur Rettung einer Person, die das Ertrinken simuliert, in einer Mindestentfernung von 110 Metern vom Ufer. Und natürlich muss der Hund auch wissen, dass er, während der Hundeführer eine Herz-Lungen-Wiederbelebung an einer Übungsfigur simuliert, stehen bleiben muss, um die Wiederbelebung nicht zu behindern.

Ada und Kira stecken jetzt in einem roten Geschirr mit drei Gurtbändern, die über Brust und Bauch des Hunds verlaufen, zwei Griffe entlang der Wirbelsäule für den Halter, ein Aluminiumring für den Fall, dass sie ein Boot abschleppen sollen, und ein Karabinerhaken, an dem eine Winde befestigt werden kann.

Die Lizenz zum Wasserrettungshund muss jedes Jahr erneuert werden, sowohl für den Hund als auch für den Halter, der sich als Rettungsschwimmer qualifizieren muss. Weshalb hier am Strand nicht nur patrouilliert, sondern auch geübt wird. Etwa das Schwimmen nebeneinander, das Schwimmen vor dem Hund oder das „Delfinschwimmen", womit aber nicht jener aufwendige Schwimmstil gemeint ist, sondern dass Hund und Hundeführer den Ertrinkenden nach Art eines Delfins ohne Flossen erreichen: Der Hund zieht den Hundeführer, um Energie zu sparen.

Die Wasserhunderettungstruppe des Veneto ist keineswegs in Männerhand – von den 30 Mitgliedern sind die Hälfte Frauen, wie Lisa und Martina, die am nächsten Tag in Caorle im Einsatz sind. Lisa mit dem Golden Retriever Giotto und Martina mit dem Deutschen Schäferhund Seth, mit dem sie, wohl um seine Herkunft zu berücksichtigen, auf Deutsch kommuniziert: mit Platz, Sitz, Aus, statt *terra,*

Seite 68 **Trainer Roberto und Zeus.** *Seite 69* **Lisa (links) mit Giotto und Martina mit Seth.** *Unten* **Martina und Seth beim Training**

seduto, lascia. Während Martina am Strand mit Seth patrouilliert und Lisa sich zu Übungszwecken mit einer roten Baywatch-Rettungsboje ins Wasser wirft, wobei sie von ihrem Golden Retriever Giotto so schnell gezogen wird, wie es kein Zehn-PS-Motor hinkriegen würde, hält Roberto im Faltpavillon die Stellung, mit Fernglas und Funkkontakt.

Roberto ist ein pensionierter Metallmechaniker. Mit seinem schokoladenbraunen Labrador Zeus hat er einmal sogar ein Mädchen gerettet, das von der Strömung abgetrieben wurde. Wir sind eben aufmerksamer als der Rettungsdienst, sagt Roberto grinsend. Schließlich kennt er hier alle Strömungsschnellen und vor allem alle Badegäste, jedenfalls vom Typus her: Kleine Kinder und alte Leute muss man immer im Auge haben. Oder Osteuropäer, weil die das Meer nicht kennen und sich schnell überschätzen. Oder Bangladescher. Die können so gut wie nie schwimmen, laufen ins Meer und versinken in der nächsten Untiefe. Und es gab hier auch schon Leute, die aus Spaß das Ertrinken simuliert haben, um sich retten lassen. Die mussten dann dafür bezahlen, falschen Alarm ausgelöst zu haben. Alles schon erlebt, mit Zeus.

Nachdem Martina die Patrouille beendet hat, macht Roberto mit Zeus noch einmal die Runde. Der, sobald er in Ufernähe ist, sogar mit dem Kopf unter Wasser geht und nach Krebsen schnappt. Ja, der Einsatz gefällt den Hunden, weil es sie fordert, sagt Roberto. Aber man kann das nicht tagelang hintereinander machen, der Hund schaltet ja nie ab, wenn er hier im Dienst ist.

Langsam werden die Schatten länger am endlosen Strand von Caorle. Es ist die letzte Runde für heute Abend. Bald wird Zeus die Rüstung wieder ablegen können. Und einfach nur ein Hund sein.

Petra Reski ist Journalistin und Schriftstellerin, lebt seit 1991 in Venedig und träumt seit ihrer Kindheit vergeblich davon, einen Hund zu haben. Am liebsten einen Labrador. Aber weil dem das Leben zwischen 33 Millionen Touristen nicht zuzumuten ist, wird es bei einem Traum bleiben.
Jan Windszus, Jahrgang 1976, Fotograf in Berlin, hatte früher selbst einen Hund, Max, ein Mischling aus Schnauzer und Schäferhund. „Er war mir wie ein Bruder."

ÜBERS MEER

DER mare PODCAST

Zum 25. Geburtstag von mare am 9. April startete der mare-Podcast in einer neuen Aufmachung. Er ist das mare-Magazin zum Hören, mit allem, was Sie an mare schätzen: spannende, nachdenkliche und unterhaltsame Geschichten, dazu tiefgehende Gespräche über Menschen, Meere und Küsten – gerahmt von dem Chansonklassiker „La mer", eigens neu interpretiert von Pure Desmond. Hosts in dem jeden Monat erscheinenden Podcast sind Katrin Krämer und Nikolaus Gelpke. Sie werden in jeder Ausgabe einen Gast begrüßen.

Katrin Krämer ist Moderatorin bei Bremen Zwei, darunter auch bei mare-Radio. Abonnentin ist sie seit mare No. 9. Sie vermisst No. 10 und rätselt noch immer, wem sie sie geliehen hat.

Nikolaus Gelpke ist Gründer und Verleger von mare. Er freut sich, seiner Leidenschaft endlich professionell nachgehen zu dürfen: über das Meer zu reden.

www.mare.de/podcast

Spotify Apple Podcast.de

Familie Fisch

Im „Kalambuur", einem Pavillon in einem Tallinner Park, mariniert der Koch rohen Ostseeschnäpel mit einem Schuss Wodka. Seine Familie versammelt er unter einem Dach

Text und Fotos: Roland Brockmann

Am Anfang war das Angeln. Als jugendliches Hobby, aber doch irgendwie wegweisend. Nach seiner Zeit bei einer Satirezeitschrift wurde der Dichter Vladislav Koržets 1996 Chefredakteur eines Anglermagazins. Für seine Poesie bekam er den staatlichen Orden „Weißer Stern". Seinen Lebensunterhalt aber verdiente er stets mit seiner Nähe zum Fisch, ab 2006 als Moderator von TV-Kochshows – nur Fischgerichte! In Estland ist Vladislav nicht irgendwer, man kennt ihn. Jetzt sitzt der 70-Jährige bei einem Kaffee auf der Terrasse vorm „Kalambuur" und hat Küchenverbot.

„Sein Herz", erklärt Kaarel Koržets, sein Sohn und Chef, der sich kurz dazusetzt, direkt aus der Hitze der Küche. Tallinn im Juli: 30 Grad, draußen im Schatten – wann hat es das zuletzt gegeben? Und dann noch eine Gewitterwarnung. Die Tische im Hirvepark sind alle besetzt. Eine Markise allerdings darf der Familienbetrieb nicht an dem kleinen Pavillon anbringen: Denkmalschutz.

Der steht hier seit knapp 100 Jahren, der Zeit der ersten Republik. Nichts natürlich im Vergleich zur Festung und den Stadtmauern, in die sich der Pavillon einpasst. Die gehen auf das 13. Jahrhundert zurück, gebaut auf Befehl der dänischen Königin Margarethe. Große Geschichte. Da kommt die Geschichte des Pavillons eher prosaisch daher: zunächst als Toilettenhäuschen, vorn mit Eiscreme- und Limonadenverkauf, danach versuchte hier ein Schuhmacher sein Glück, dann ein Uhrmacher. Nach der Sowjetzeit wohnte dort eine Familie. Und erst in den 1990ern versuchte sich eine Frau mit einem Restaurant. Alle gaben wieder auf.

Dann, 2005, kam Familie Koržets und richtete alles neu ein: Vladislav, klar, sein Sohn Kaarel, im früheren Leben Informatiker, der über seinen Vater zum Kochen kam, Kaarels Frau Merle und seine Schwester Britta. Die beiden Frauen machen vor allem den Service und die Buchführung. Alle fühlen sich verbunden mit der maritimen Küche, sind gleichberechtigte Teilhaber. Und Vladislavs Frau? Von ihr stammen die Seegemälde im Pavillon. Familie Fisch, sozusagen. Auch privat wohnen alle unter einem Dach, in einem Mehrgenerationenhaus in einem Vorort von Tallinn, zusammen mit den Enkeln.

Kaarel muss zurück in die Küche. Sein Anspruch ans Kochen ist hoch. Nur eine Frage noch: Wer von euch beiden ist denn nun der bessere Koch? Kaarel schaut etwas ratlos. Doch dann zeigt Vladislav auf seinen Sohn. War ja klar.

Das Gewitter bleibt aus. Merle und Britta bedienen die Gäste an den voll besetzten Tischen. Sie bestellen frischen Fisch und gekühlten Weißwein. Hier gibt es weder Burger noch Cola. Wer ins „Kalambuur" kommt, weiß, was er sucht. Und solche Gäste will Familie Koržets, abseits vom Touristentrubel in der Altstadt. Merle empfiehlt rohen Ostseeschnäpel als Vorspeise. Die Art gehört zur Ordnung der Lachsfische und hat ein magereres Fleisch. „Die lokalen Fischer", so Merle, „essen ihn roh aus der Hand, direkt an Bord." Im „Kalambuur" werden die Filets mit einem Schuss Wodka und Rosa Pfeffer mariniert.

Und, nach wessen Rezept? Da ist sich Vladislav nicht sicher. Es steht in ihrem gemeinsamen Buch über internationale Fischküche, ein dicker Wälzer, den Vater und Sohn gemeinsam veröffentlicht haben, darin sogar die Beschreibung des deutschen Bismarckherings. Ein echter Erfolg in Estland, der demnächst auch auf Finnisch erscheinen soll.

Über dem kleinen Pavillon „Kalambuur" und den Bäumen des Hirveparks will die Sonne nicht untergehen. Weiße Nächte. Das wollen die Bewohner Tallinns ausnutzen. Kaarel schwitzt in der Küche. Vladislav will los. Auf ihn wartet, nein, nicht seine Angel, sondern eine fast fertige Anthologie. Das ist weit mehr als ein Hobby: Seit 1991 ist er Mitglied des Estnischen Schriftstellerverbands, er publizierte ein Kinderbuch und schrieb Drehbücher. 2017 erhielt er den Literaturpreis des Estnischen Kulturkapitals.

Eine letzte Frage an Vladislav: Worum geht es in deinen Gedichten? „Um den Fisch natürlich. Er lebt in einer ganz anderen Sphäre als wir Menschen. Das macht ihn so interessant."

Ostseeschnäpel mit Wodka

Zutaten (für vier Personen)
400 Gramm Filet vom Ostseeschnäpel (ersatzweise Seelachs, Dorsch oder Heilbutt), 1 Esslöffel Salz, 1/2 Esslöffel Zucker, etwas Rosa Pfeffer (Schinusbeeren) oder alternativ Wacholderbeeren, 1 Lauchzwiebel, 1 Schuss Wodka.

Zubereitung
Die Filets in Streifen schneiden, salzen, zuckern. Von der Lauchzwiebel nur den weißen Teil in sehr feine Scheiben schneiden. Rosa Pfeffer und die Filetstreifen untermischen und einen Schuss Wodka dazugeben. Über Nacht im Kühlschrank kalt ziehen lassen. Mit Brioche servieren.

Kalambuur
Toompuiestee 8, Tallinn, Estland,
Telefon +372 56694274,
www.kalambuur.ee/en.
Derzeit sind nur Gruppenbuchungen ab 15 Leuten möglich. Bitte vorher anmelden, per Telefon oder per E-Mail: kalambuur@kalambuur.ee.

Links **Poetischer Pavillon:** ***kala*** **ist das estnische Wort für „Fisch“,** ***kalambuur*** **bedeutet „Wortspiel“.**
Unten rechts **Der Dichter und sein Lenker: Vladislav (rechts) und Sohn Kaarel.**
Unten links **Die Vorspeise: ein Gedicht**

ENDSTATION

Von Ute Eberle

ERDE

Ein letzter Wiedereintritt, dann ist es vorbei: An der entlegensten Stelle im Südpazifik, am Point Nemo, ruhen die Reste ausgedienter Raumfahrzeuge

BERICHTEN ZUFOLGE SCHLENDERTE die Frau mit dem Namen Lottie Williams am 22. Januar 1997 durch einen Park in Tulsa im US-Bundesstaat Oklahoma, als sie ein konservendosengroßes Stück Metall an der Schulter traf. Es war einfach so vom Himmel gefallen. Allem Anschein nach handelte es sich um einen Teil des Tanks einer Delta-II-Rakete, die im Jahr zuvor einen Satelliten ins All transportiert hatte.

Lottie Williams blieb unverletzt. Doch sie hat seither die zweifelhafte Ehre, dass sie der bisher einzige Mensch ist, der je von Weltraumschrott getroffen wurde.

Das ist verblüffend, wenn man bedenkt, dass im Schnitt ein Trumm am Tag vom All auf die Erde fällt. Es sind die Reste der bisher rund 6000 Raketen, die der Mensch ins All geschossen hat, seit die Weltraumära mit der ersten Sputnik-Rakete im Oktober 1957 begann. Die Raketen selbst und auch viele der Satelliten, die sie ins All trugen, sind längst nicht mehr funktionstüchtig und teilweise schon zerfallen. Rund 30 000 Objekte und größere Bruchstücke kreisen heute um die Erde, dazu Millionen von Metallbrocken und -krümeln. Zusammen wiegt der Schrott fast 10 000 Tonnen.

Die Trümmer sinken ab, bis sie in die Erdatmosphäre eintreten. Je nach Größe und Material verglüht dabei viel, aber längst nicht alles. Am 21. Januar 2001 landete ein 70 Kilogramm schweres Teil des Motorgehäuses einer Delta-II-Trägerrakete in Saudi-Arabien, 240 Kilometer entfernt von der Hauptstadt Riad. Im Mai 2020 fielen Stücke einer chinesischen Long-March-5B-Rakete – kurz: LM-5 – auf das Dach eines Hauses in der Elfenbeinküste.

Dass wir solche Geschichten aber relativ selten hören, hat verschiedene Gründe. Ein besonders wichtiger trägt den Namen Point Nemo.

Point Nemo ist einerseits ein klar definierter Ort. Er hat die Koordinaten 48° 52' 31,75" S 123° 23' 33,07" W, liegt im Südpazifik und ist der wohl einsamste Punkt der Welt. Egal, in welche Richtung man von Point Nemo aus aufbricht: Man müsste gut 2600 Kilometer segeln, um Land zu erreichen. Gen Norden wäre es das nur zwei Kilometer breite, unbewohnte Atoll Ducie. Gen Süden ein unbesiedeltes Eiland vor Antarktika. Im Nordosten geriete man schließlich zur Vulkaninsel Motu Nui und dahinter zu Chiles Osterinsel.

Die drei Punkte, mit Point Nemo im Zentrum, bilden einen Kreis, der gut 22 Millionen Quadratkilometer Meer umfasst – eine Fläche fast so groß wie China, die USA und die Europäische Union zusammen. Dieses gigantische Wasserreich untersteht keiner Nation. Niemand hat hier Rechtshoheit. Selbst Schiffe kommen selten vorbei.

In den 1970er-Jahren, mitten im Kalten Krieg, begannen Russen und Amerikaner, ausgediente Raketen und Satelliten im Südpazifik zu versenken

Wer von Point Nemo spricht, meint allerdings oft den Raumschifffriedhof, der sich um diesen Punkt auf der Karte gebildet hat und der eine merkwürdige Folge des Weltraumzeitalters ist. In den frühen 1970er-Jahren – noch mitten im Kalten Krieg – begannen erst die Russen, dann die Amerikaner, sehr viel später auch die Europäer und Japaner, ausgediente Raketen und Satelliten im Südpazifik zu versenken. Mittlerweile ruhen hier gut 260 Raumfahrzeuge auf dem Meeresgrund.

Technisch ist der Weltraumfriedhof kein abgegrenzter Ort, sondern die Zone zwischen Chile und Neuseeland, in der Point Nemo liegt. „Wir nennen sie SPOUA oder South Pacific Ocean Unpopulated Area“, sagt Holger Krag, Leiter der Abteilung für Weltraumsicherheit bei der Europäischen Weltraumagentur (Esa). Krag zählt zu den wenigen Menschen, die schon vor Ort miterlebt haben, wie ein Raumfahrzeug im Weltraumfriedhof versenkt wurde.

„Sechs Tage vorher geben wir dem Schiffsverkehr Bescheid, zwei Tage vorher dem Flugverkehr“, sagt Krag. „45 Minuten vorher, wenn sich das Raumfahrzeug noch auf der anderen Seite der Erde befindet, leiten wir ein Bremsmanöver ein.“ Mit rund 28 000 Stundenkilometern sinkt das Raumfahrzeug in die Atmosphäre, deren Teilchen am Gefährt reiben, reißen und es erhitzen. Manche Bauteile brechen ab, andere verglühen.

Krag befand sich auf einem Schiff in der SPOUA, als die Esa dort 2008 einen Satelliten untergehen ließ. Vor allem die inneren Bauteile wie Düsen und Tanks aus hitzebeständigem Metall wie Titan überlebten den Eintritt, so Krag. Die größten erreichen die Dimension eines Öltanks. „Sie fallen senkrecht nach unten.“ Schon recht abgekühlt und nur noch so schnell wie ein Auto auf der Schnellstraße platschen sie ins Wasser. „Besonders große Wellen macht das nicht“, sagt Krag.

Die Trümmer verteilen sich über mehrere hundert Kilometer. Im Raumschifffriedhof stammen die meisten von sowjetischen und russischen Missionen, darunter die Überreste der Raumstation „Mir“. Mit einem Gewicht von rund 130 Tonnen war sie das bisher größte Objekt, das im Weltraumfriedhof versenkt wurde – etwa 20 Tonnen dürften den Wiedereintritt überlebt haben. Dazu kommen die US-Station „Skylab“ sowie japanische und europäische Raumtransporter.

„Ich stelle mir vor, dass sich diese Raumfahrzeuge wie die Schiffswracks aus dem 17. Jahrhundert in Habitate für Meerestiere verwandeln“, sagt Alice Gorman, Weltraumarchäologin an der Flinders Uni-

Weltraummüll kann alles Mögliche sein, was in der Umlaufbahn zurückgelassen wurde – stillgelegte oder zerborstene Satelliten, Raketenteile, von Astronauten fallen gelassene Werkzeuge oder in der Umlaufbahn einsammeltes Weltraumgestein versity im australischen Adelaide. „Sie starten von der Erde, fliegen ins All, und am Ende beginnen sie ein neues Dasein als Teil des Meeresbodens."

Allerdings sollte man dabei keine bunte Korallenwelt vor Augen haben. Der Südpazifik gilt in dieser Region als eine biologische Wüste. Winde und die Corioliskraft der Erde schieben das Wasser hier in eine gigantische, kreisförmige Strömung, genannt Southern Pacific Gyre. Sie rotiert zwischen Australien, Antarktika, Südamerika und dem Äquator und trägt die Nährstoffe weg, die von den Kontinenten ins Wasser geraten. Daher gibt es im Inneren des Strömungskreises kaum Phytoplankton und auch wenig Fische und anderes Meeresgetier. Ein Biologe mutmaßte einst, die Region sei „der toteste Punkt im Ozean".

Gründlich untersucht wurde dieser riesige, abgelegene und von Winden gepeitschte Ozeanbereich allerdings bisher nicht. Als 2005 eine seltene Expedition in den Südostpazifik stattfand, entdeckten Biologen eine noch unbekannte Krebsart, die sich von Bakterien an hydrothermalen Quellen zu ernähren schien. Weiße Borsten bedeckten das Tier, was ihm schnell den Spitznamen „Yetikrabbe" verschaffte.

„Ich kann mir gut vorstellen, dass gründliche Studien in der Region Tausende neue wirbellose Tierarten, vielfältige Mikroben und sogar eine nennenswerte Zahl unbekannter größerer Arten wie Krebse, Fische, Schwämme und Seeanemonen zutage bringen würden", sagt Meeresbiologin Cindy Van Dover von der Duke University in North Carolina.

Könnte der Weltraumschrott diesem unbekannten Lebensraum schaden? Manche der älteren Raumfahrzeuge in der Umlaufbahn haben Atomantriebe, doch das Gros verbrennt Treibstoffe wie Hydrazin, eine giftige Stickstoffverbindung. Bis zum Ende ihrer Missionen sind die Tanks allerdings fast leer. Und der Rest verbrenne beim Eintritt in die Atmosphäre, sagt Krag. Die atombetriebenen Satelliten wiederum würden nicht zur Erde gelenkt, sondern zum Ruhestand in höhere Umlaufbahnen geschickt. „Was im Meer landet, sind Aluminium, Titan, Edelstahl, vielleicht Glas", so Krag.

Damit scheint der Weltraumschrott prinzipiell nicht schädlicher zu sein als ein anderer Müll, der den Südpazifik ebenfalls erreicht hat: Plastik. Selbst in dieser abgelegenen und von Strömungen abgeschirmten Region schwimmen bis zu 26 Mikroplastikpartikel je Kubikmeter Wasser, haben Messungen ergeben.

In den kommenden Jahren wird die Zahl der ausgedienten Weltraumobjekte massiv steigen, weil mittlerweile auch immer mehr kommerzielle Unternehmen Satelliten für Kommunikation, Navigation oder Wetterbeobachtungen ins All schicken. „Hatten wir früher 100 Raketenstarts im Jahr, werden heute mehr als 1000 Satelliten ins All transportiert", sagt Krag.

Allerdings landen längst nicht alle später im Weltraumfriedhof. Moderne Satelliten sind oft kleiner und verglühen damit beim Wiedereintritt komplett. Bei größeren wird heute versucht, vermehrt leicht schmelzbare Metalle wie Aluminium einzusetzen, sodass auch sie auf der Rückreise verheizen – Müllverbrennung direkt am Himmel sozusagen.

Andere Raumfahrzeuge werden unkontrolliert auf die Erde fallen, entweder, weil beim Ansteuern des Weltraumfriedhofs etwas schiefgeht oder sich die Betreiber erst gar nicht die Mühe machen und es darauf ankommen lassen, dass ihr Raumgefährt schon niemandem auf den Kopf fällt. Wie etwa 2021, als eine LM-5-Rakete nahe den Malediven in den Ozean stürzte.

Oder sie kreisen weiter als Müll im All, was ein Problem ist, da die herumsausenden Trümmer andere Satelliten und Instrumente gefährden.

In jedem Fall wird es aber noch mindestens einen berühmten Neuzugang für den Weltraumfriedhof geben: Voraussichtlich im Januar 2031 soll die Weltraumstation „ISS" in der Region um Point Nemo versenkt werden.

Danach wird es dort noch ein bisschen einsamer sein. Denn die Astronauten der „ISS" sind derzeit oft Point Nemos nächste Nachbarn. Ihre Umlaufbahn liegt gut 400 Kilometer über Point Nemo – selten ist jemand auf der Erde näher.

Ute Eberle, Jahrgang 1971, arbeitet als Wissenschaftsjournalistin in Baltimore, USA. Sie war bisher bei zwei Raketenstarts dabei, aber glücklicherweise noch nie bei einem Absturz.

Das Meer von allen Seiten

Sie lesen gerne, und Ihnen gefällt **mare**? **mare** erscheint 6x im Jahr. Ein **Abonnement** ist günstiger als Einzelhefte und bietet zusätzliche Vorteile.

Auch wenn Sie **mare** erst noch kennenlernen möchten.

Die Abovorteile für alle **Abos**:

- pünktliche Lieferung frei Haus (D, A)
- 17–30% Rabatt gegenüber dem Einzelkauf
- alle **mare**-Hefte online über den kostenlosen Zugang zum Archiv
- exklusive Hausnachrichten mit jedem Heft
- Hamburger Aboservice, freundlich und mit viel Erfahrung

Bestellen Sie telefonisch unter +49/(0)40/3007-3536 oder per E-Mail: service@abo.mare.de oder online unter www.mare.de/mare-abo

Angebot für Studierende unter www.mare.de/mare-abo.

Kennenlernabo

Das supergünstige Kennenlernabo. Sie testen mare für die nächsten 3 Ausgaben und zahlen dafür nur 25 € statt 36 €. Nach einem halben Jahr beziehungsweise 3 Heften entscheiden Sie, ob Sie dabeibleiben möchten.

Flexabo

**Mit dem Flexabo entscheiden Sie von Beginn an selbst, wie lange Sie abonnieren möchten. Das Flexabo hat keine Mindestlaufzeit, ist jederzeit kündbar, vorab gezahlte Beträge werden erstattet.
Je Heft 10 €, im Jahr 60 €.**

Jahresabo

Das Jahresabo kostet im Jahr 60 € und ist nach einem Jahr jederzeit kündbar. Sie dürfen sich aus allen bereits erschienenen Heften 3 gratis aussuchen, die Ihnen gleich zugeschickt werden. Die Übersicht finden Sie auf Seite 122/123. Den Bildband und/oder den Kalender können Sie einfach zum Sonderpreis mitabonnieren.

Der **mare**-Kalender

Die ganze vielfältige Schönheit des Meeres – in 12 magischen Bildern gebannt.
Format: 82 mal 58 Zentimeter.
Im Abonnement zahlen Sie für den Kalender nur 40 € statt 49 €.
Alle Monatsmotive finden Sie online unter www.mare.de/mare-shop/kalender.

Geschenkabo

Das Geschenkabo kostet 60 € im Jahr. Mit der in diesem Heft beiliegenden Geschenkabo-Karte können Sie mare-Hefte und den Bildband und/oder Kalender auch praktisch verschenken. Ein Dankeschön in Form eines mare-Handtuchs wählen Sie auch gleich auf der Karte.

Der **mare**-Bildband „Neapel"

von Giovanni Cocco.
Mit einem Text von Zora del Buono.
Format: 30 mal 26 Zentimeter, 132 Seiten.
Im Abonnement zahlen Sie für den Bildband nur 49 € statt 58 €.
Erscheint im Oktober 2022.

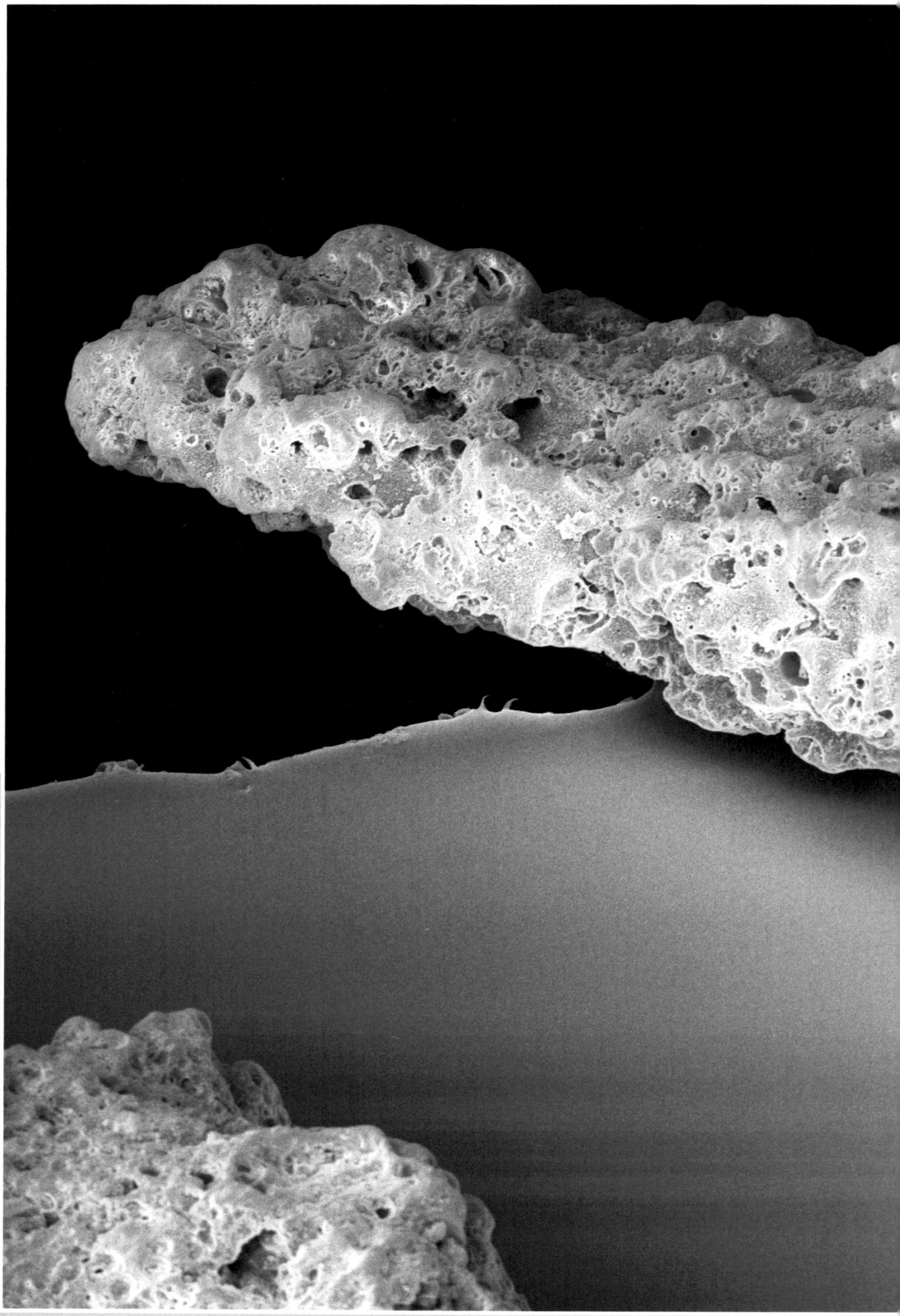

Kleines Korn ganz gross

Interview: Jan Keith
Fotos: Birgit Hofmann Birkenhall

Cádiz,
Spanien

206-fach
vergrößert

Sand ist Sand? Mitnichten. Experten wie der Mikropaläontologe Gerhard Schmiedl lesen in einzelnen Sandkörnern wie in einem Buch. Wir zoomen einmal richtig heran

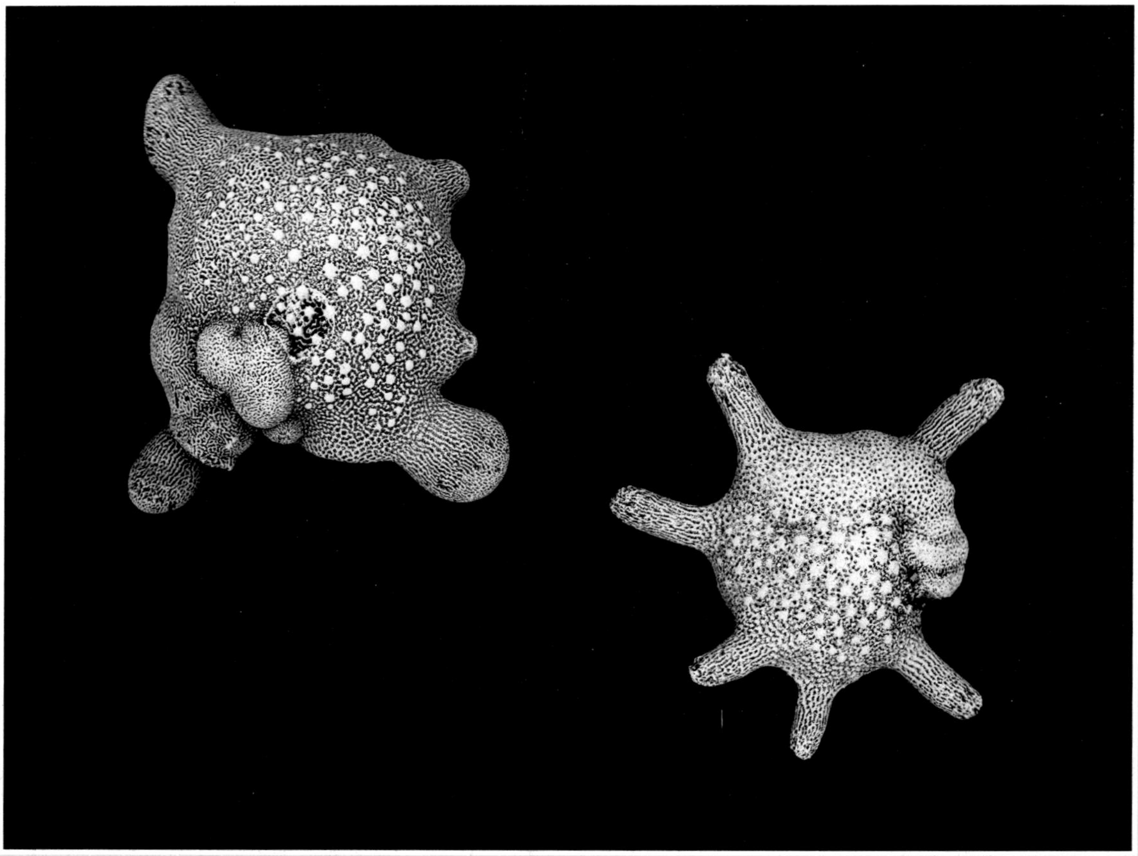

Okinawa, Japan – 41-fach vergrössert

mare: *Herr Schmiedl, wo haben Sie Ihren letzten Strandurlaub verbracht?*
Gerhard Schmiedl: Strandurlaub? Da muss ich kurz überlegen. Ich glaube, das war auf Usedom.

Konnten Sie sich denn am Strand entspannen? Oder haben Sie ständig die Sandkörner um Sie herum analysiert?
Das mit dem Entspannen hat gut geklappt. Aber ich gebe zu, wenn ich da so liege, schaue ich mir den Sand schon an. Wenn etwas Spannendes drin ist, zum Beispiel eine Großforaminifere, dann würde ich es meinen Kindern auf jeden Fall zeigen. Meine Tochter würde wohl sagen, na ja, ist halt Sand. Mein Sohn wäre da schon eher interessiert.

Was ist denn eine Großforaminifere?
Unter Foraminiferen versteht man eine Gruppe von einzelligen Organismen. Sie produzieren in der Regel harte kalkige Gehäuse, die dann als sogenannte Mikrofossilien im Sediment übrig bleiben. Manche Vertreter dieser Einzeller werden ein paar Zentimeter groß, dann sind es Großforaminiferen. Mikrofossilien können auch Teile von mehrzelligen Organismen sein, die zerfallen sind. Wenn ein Fisch stirbt, zerfällt er ja in tausend Teile, und es bleiben nur die harten Schuppen und Zähne übrig.

Aber mit Sand haben Foraminiferen nichts zu tun, oder?
Oh doch. Foraminiferen sind Teil des Sands. Sand kann nämlich aus sehr unterschiedlichen Partikeln bestehen, eben auch aus Resten von Organismen. Nehmen Sie zum Beispiel die Strände in der Karibik. Dort besteht der Sand fast ausschließlich aus Überbleibseln von Lebewesen, die vorher am Riff gelebt haben, von Wellen kleingerieben worden sind oder schon klein waren und Kalk enthalten.

Sind deshalb die Sandstrände dort so schön weiß?
Ja, gerade in tropischen Meeren leben viele Organismen, die Kalk abscheiden, allen voran natürlich die Korallen, aber auch damit assoziiert Schnecken, Muscheln und eben Foraminiferen, die das flache Wasser lieben. All diese Reste reichern sich an den tropischen Stränden an, die dann in erster Linie aus Calcit oder Aragonit bestehen, Varietäten von Kalk. Daher das schöne Weiß.

Und die Sandstrände an unseren Küsten? Die sind ja nicht ganz so weiß.
Bei uns kommen viele Verwitterungsprodukte von Gestein vom Land dazu. Ein Mineral ist dabei am häufigsten zu finden: Quarz. Während der Eiszeiten hat das Inlandeisschelf all die Gesteine in Skandinavien abgeschliffen und die Stücke wie mit einem Bulldozer zu uns transportiert, die dann vom Meer bearbeitet wurden. Übrig blieb der Quarz, weil er so hart und widerstandsfähig ist. Wenn Sie heute eine Probe vom Strand in Travemünde nehmen und unters Mikroskop legen, dann sehen Sie zu 90 Prozent wunderschöne, durchsichtige Quarzkörnchen. Aber Sie finden vielleicht auch ein Stück von einer Muschel und ein paar Einzeller. Ein paar wenige biogene Komponenten gibt es also auch am Ostseestrand.

© Petra Koßmann

© Petra Koßmann

Meer verschenken.

Verschenken Sie mare, und der Beschenkte erhält mare sechsmal im Jahr pünktlich frei Haus geliefert. Sie dagegen bekommen das flauschige mare-Handtuch in Marine oder Hellblau (50 mal 100 Zentimeter) als Dankeschön und zahlen nur **60 € statt 72 €** beim Einzelkauf der Hefte. Schicken Sie uns einfach die Postkarte. Die Zusendung des Dankeschöns erfolgt nach Zahlungseingang.

Und Freunden, Bekannten und Verwandten, die Ihnen besonders am Herzen liegen, können Sie zusätzlich auch den jeweils aktuellen mare-Bildband und/oder den mare-Kalender schenken. Sie zahlen dann **nur jeweils 49 € bzw. 40 € mehr und sparen bis zu 20 % gegenüber dem Einzelkauf.** Dafür erhält der Beschenkte zusätzlich zu den Heften einmal im Jahr pünktlich und frei Haus den mare-Kalender und/oder den mare-Bildband geliefert. Sowohl mare-Kalender als auch mare-Bildband erscheinen einmal jährlich im Herbst und werden nach Drucklegung direkt ausgeliefert. Einfach auf der Postkarte hinten das passende Kreuz machen, und der Beschenkte erhält zusätzlich zu den Heften die gewünschten mare-Produkte.

Der neue mare-Bildband „Neapel“

von Giovanni Cocco.
Mit einem Text von Zora del Buono

Format: 30 mal 26 Zentimeter, 132 Seiten. Im Abonnement zahlen Sie für den Bildband nur **49 € statt 58 €** im Einzelkauf.

Der mare-Kalender „Meeresblicke 2023“

Format: 82 mal 58 Zentimeter. Im Abonnement zahlen Sie für den Kalender nur **40 € statt 49 €** im Einzelkauf.

Sie möchten uns lieber anrufen, faxen oder mailen?

Sie erreichen den mare-Service unter
Telefon: +49/(0)40/3007-3536
Fax: +49/(0)40/3007-85 3536
E-Mail: service@abo.mare.de oder
Post: mare-Service, Postfach 111011, 20410 Hamburg.

Für Sie: das mare-Handtuch in Marine oder Hellblau

Kalendercover: © Fortunato Gatto; Bildbandcover: © Giovanni Cocco

Bitte ausreichend freimachen, falls Briefmarke zur Hand

Antwort

mare-Service
Postfach 11 10 11
20410 Hamburg

Ich möchte mare verschenken

◯ für derzeit nur **60 €** pro Jahr statt **72 €** beim Einzelkauf.

MAEW 0006/154

Mein Dankeschön in Form des **mare**-Handtuchs (50 mal 100 Zentimeter) erhalte ich nach Zahlungseingang.

\+

\+

Zusätzlich zu den 6 mare-Ausgaben

◯ verschenke ich einmal im Jahr den **mare**-Bildband* für derzeit nur **49 €** pro Jahr. **MAEW 0007/154**

◯ verschenke ich einmal im Jahr den **mare**-Kalender* für derzeit nur **40 €** pro Jahr. **MAEW 0008/154**

◯ verschenke ich einmal im Jahr den **mare**-Bildband* und den **mare**-Kalender* für derzeit nur **89 €** pro Jahr.

MAEW 0009/154

* Wenn Ihre Abobestellung mit dem **mare**-Bildband/**mare**-Kalender bis zum 31.1.2023 bei uns eingeht, erhält der/die Beschenkte als erste Ausgabe den Bildband „Neapel" beziehungsweise als ersten Kalender „Meeresblicke 2023".

Meine Adresse

Vorname

Name

Straße, Hausnummer

Postleitzahl, Wohnort

Land

E-Mail

Telefon

Datum, Unterschrift

◯ Ich zahle bequem per Bankeinzug

(Die Einzugsvollmacht kann jederzeit widerrufen werden und erlischt automatisch bei Ende des Abonnements.)

◯ marine

◯ hellblau

◯ bis ich kündige/mindestens ein Jahr

◯ auf ein Jahr begrenzt

Die Adresse der/des Beschenkten

Vorname

Name

Straße, Hausnummer

Postleitzahl, Wohnort

Land

IBAN

Widerrufsrecht: Die Bestellung können Sie innerhalb von 14 Tagen nach Lieferbeginn ohne Begründung per Post an: **mare**-Service, Postfach 111011, 20410 Hamburg, oder per Mail an: service@abo.mare.de widerrufen. Zur Fristwahrung genügt die rechtzeitige Absendung. Ein vorgefertigtes Widerrufsformular können Sie sich gerne unter www.mare.de/widerruf herunterladen.

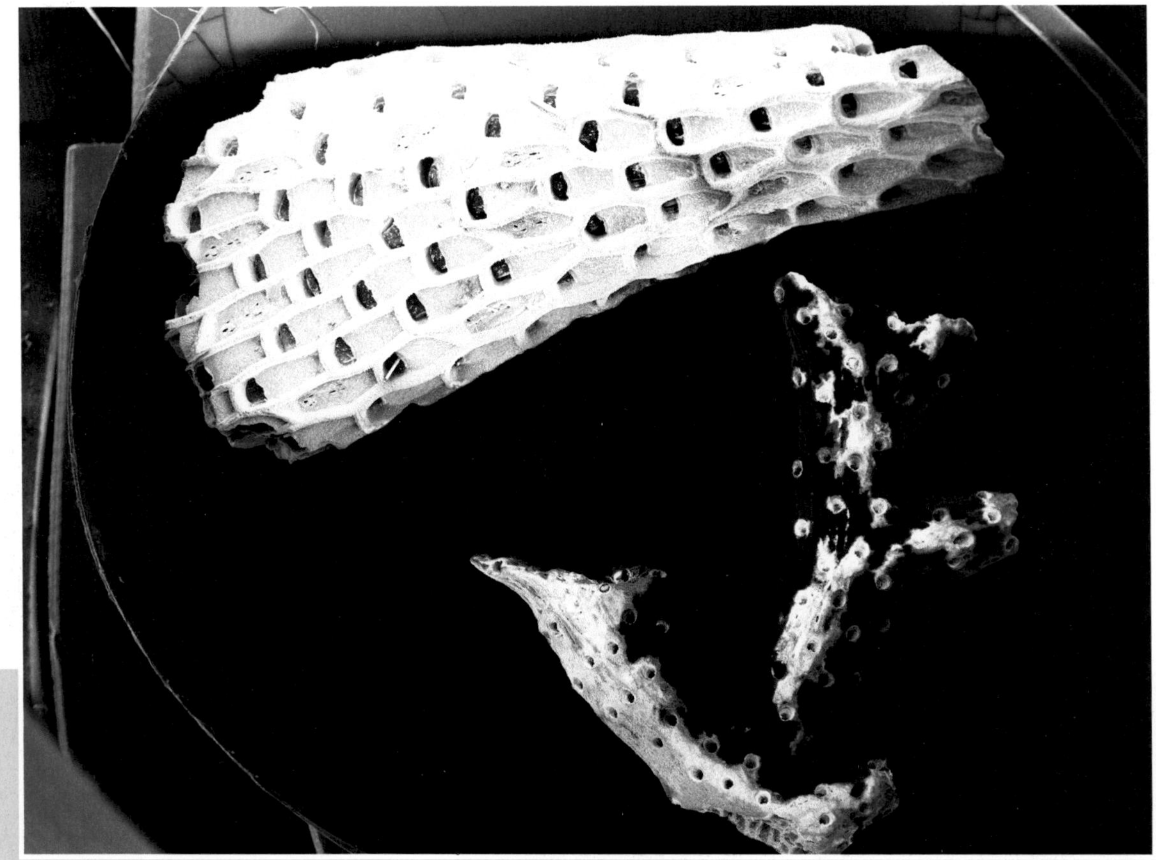

HALFMOON BAY, KALIFORNIEN – 23-FACH VERGRÖSSERT

So viel Quarz am Strand – ist das nun gut oder schlecht?
Das ist toll, Quarz ist klasse. Es gibt zum Beispiel einen ganz praktischen Vorteil. Wenn jemand eine Flasche am Strand zerschmeißt und die Scherben da liegen, dann dauert es nicht lange, bis dieses Glas durch die Wellen mit diesem Quarzsand abgerieben wird und nicht mehr scharf ist. Wenn Sie eine Flasche am weichen Karibikstrand zerschlagen, dann bleibt dieses Glas sehr lange scharf.

Okay, ein ganz praktischer Vorteil für Nord- und Ostseebesucher. Was bietet Quarz noch?
Quarzsand wird viel für die Bauindustrie genutzt. Es ist das Bindemittel im Beton. Ohne Sand kann nicht gebaut werden. Wenn Sie sich anschauen, wie viel in den Vereinigten Arabischen Emiraten und in China gebaut wird, können Sie sich ja vorstellen, wie viel Quarzsand benötigt wird.

Deshalb haben wir ja auch einen weltweiten Mangel an Quarzsand.
Ja, viele Vorkommen auf der Erde sind bereits abgebaut. Und es ist schwierig, neue zu erschließen.

Müssen wir also bald unseren Ost- und Nordseesand für die Bauindustrie hergeben?
Nein. Zum einen, weil der Sand an unseren Stränden gar nicht so geeignet ist zum Bauen. Die Körner sind häufig schon zu rund. Die Bauindustrie braucht zur Zementherstellung eckigen Sand, der noch nicht so stark abgeschliffen ist. Den findet man vor allem an Flüssen wie der Elbe. Zum anderen wissen wir heute, wie wichtig der Sand für den Küstenschutz ist, zum Beispiel gegen Sturmfluten.

Wir sollten also unbedingt die Finger von unserem Sand lassen.
Absolut. Wir sollten nur im Notfall eingreifen. Nehmen wir zum Beispiel Sylt. Dort gibt es Strömungen, die dafür sorgen, dass an bestimmten Stellen Sand abgetragen und woanders wieder sedimentiert wird. Ließe man die Natur gewähren, würde Sylt immer mehr nach Norden wandern und größtenteils untergehen. Das will man natürlich verhindern. Also holt man Sand aus der Nordsee heraus und spült es im südlichen Teil der Insel wieder hin.

Ihr Spezialgebiet sind die bereits erwähnten Foraminiferen im Sand. Warum ist Ihre Forschung so wichtig?
Wir nutzen in meiner Arbeitsgruppe hier an der Uni Hamburg die Reste von Organismen, um vergangene Umwelt- und Klimabedingungen zu rekonstruieren. Bestimmte Lebewesen leben ja unter bestimmten Temperaturen – wie etwa die tropischen Organismen, die den weißen Sand produzieren. Und natürlich gibt es auch Organismen bei uns, die man im Quarzsand findet. Mithilfe dieser Organismen und deren Häufigkeit erhalten wir Hinweise über frühere Temperatur- und Salzgehaltsänderungen, Meeresspiegeländerungen oder Änderungen im Kohlenstoffkreislauf, die wiederum mit Klimaveränderungen zusammenhängen.

Von wo stammen denn Ihre Proben?
Von ganz verschiedenen Meeren. Oft holen wir unsere Sandproben aus Sedi-

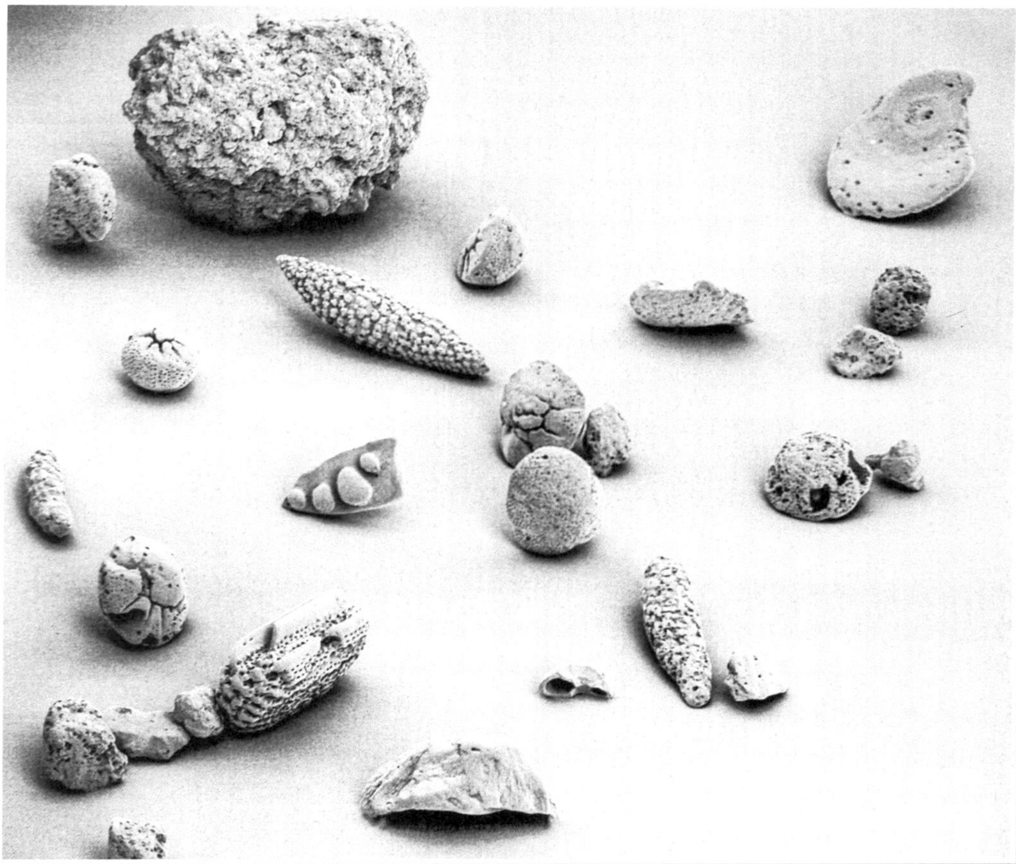

Barbados – 157-fach vergrössert

mentkernen, die wir in der Tiefsee oder an den Kontinentalrändern gewinnen. Aber wir arbeiten auch von den Küsten aus – an der Nordsee, in den Salzmarschen, im Watt –, um solche Veränderungen zu dokumentieren.

Und diese Proben schauen Sie sich dann mit dem Rasterelektronenmikroskop an?
Ja, genau. Man muss ja die Art identifizieren sowie deren Erhaltung, weil wir diese Reste auch nutzen, um geochemische Analysen zu machen. Im Rasterelektronenmikroskop können wir dann erkennen, ob dieses Korn geeignet ist für die Analyse. Und wir können uns bestimmte Eigenschaften auf diesem einzelnen Sandkorn anschauen: Ist es mal durch die Luft geflogen und gehüpft, gibt es Einschlagspuren auf dem Korn. Je nachdem, ob das Gehäuse einer Foraminifere große oder kleine Poren hat, sagt uns das etwas über die Sauerstoffkonzentration vor Ort.

Interessant. Und wenn wir unsere mare-Sandprobe von einem Strand auf Barbados nehmen (Bild oben, die Red.*), fotografiert unter einem Rasterelektronenmikroskop – was können Sie erkennen?*
Das ist wirklich ein schönes Beispiel. Man sieht auf den ersten Blick, dass es sich um Sand von einem tropischen Strand handelt. Es gibt da gar keinen Quarz, dafür lauter Reste biogener Organismen, Foraminiferen mit maximal einem Millimeter Durchmesser. Diese einzelligen Organismen aus dem Meer bauen oft Gehäuse, die an Schneckenhäuser erinnern, das sieht man hier wunderbar. Wir sehen hier auch den Rest einer Muschelschale, ein Stück Seeigelstachel und ein Skelettelement einer Weichkoralle. Das große Stück stammt vermutlich von einer Koralle oder Kalkalge. Die anderen Teile kann man nicht gut erkennen, weil sie schon so stark abgerieben sind. Das eine könnte aber ein Stück von einem Röhrenwurm sein.

Beeindruckend, was Sie alles sehen. Können Sie auch etwas über Wind, Wetter und Strömung vor Ort sagen?
Strömung ja, es gibt Bewegung im Wasser, das kann man sagen, weil ja viele dieser Teile schon kaputt sind. Aber es ist auch so, dass diese Objekte nicht weit transportiert wurden, weil einige auch noch toll erhalten sind und man viele Details erkennt. Wenn etwas ganz weit weg vom Produktionsort abgelagert wurde, nennen wir das allochthon. Wenn etwas an Ort und Stelle gelebt hat und abgelagert wurde, nennen wir das autochthon. Und dazwischen würde man sagen parautochthon. Ich würde dieses Barbados-Beispiel als parautochthon bezeichnen.

Sie lesen im Sand wie in einem Buch.
Es ist halt meine große Leidenschaft. Sandkörner erklären uns die Erdgeschichte. Manchmal setze ich mich abends zu Hause noch ans Mikroskop und schaue mir etwas Spannendes an. Proben aus aller Welt. Das bereitet mir immer wieder Freude.

Gerhard Schmiedl, Jahrgang 1965, ist Professor für Mikropaläontologie an der Universität Hamburg mit Schwerpunkt Foraminiferen.
Birgit Hofmann Birkenhall, geboren 1972, künstlerische Fotografin in Reutlingen, hat Sandproben von Stränden weltweit gesammelt und sie dann unter dem Rasterelektronenmikroskop fotografiert.

DIE BESTEN SEITEN DES WASSERSPORTS

YACHT – 25 x im Jahr
Europas größtes Segelmagazin

BOOTE – 12 x im Jahr
Europas größtes Motorboot-Magazin

SURF – 10 x im Jahr
Europas größtes Windsurf-Magazin

YACHT classic – 2 x im Jahr
Das Magazin des klassischen Yachtsports

BOOTE EXCLUSIV – 6 x im Jahr
Die Welt der Superyachten

SUP – 2 x im Jahr
Das Magazin für Stand-Up-Paddling

DELIUS KLASING

Jetzt entdecken: **www.delius-klasing.de/wassersport-zeitschriften**

Leserbriefe

Robuste Koordinaten

mare No. 153

Ich möchte Ihnen meinen großen Dank für Ihr robustes Koordinatensystem ausdrücken. Es ist offenbar weder für Sie noch für mich ein Widerspruch, höfliches Miteinander und egalitäre Sprache einzusetzen, sich auf sein Gegenüber einzulassen und gleichzeitig mit dem generischen Maskulinum umgehen zu können. Ihre Beiträge sind seit meiner ersten Ausgabe No. 16 in jeder Hinsicht ein wirklicher Genuss.

Daniel Boedecker, per E-Mail

Bisher habe ich Ihre Zeitschrift gern gelesen, sehr informativ und interessant, allerdings stelle ich zunehmend eine Anbiederung an den Zeitgeist fest, was nicht unbedingt zu mare passt und mir nicht gefällt. Die Werbeseiten für die „taz" und „Courage" reiße ich gleich heraus. Sicher, nicht alles muss meiner Auffassung entsprechen, allerdings steht für mich fest, dass dieses Abogeschenk das letzte war.

Jens-Dagobert Reimann, per E-Mail

Butter bei die Fische

mare No. 153, Salon; Rezension zu: Axel Hacke, „Ein Haus für viele Sommer"

Ja und?, möchte man als Leser dieser Rezension sagen. Müssen denn unbedingt Frauen herbeigeschrieben werden? Langt es nicht, wenn der Autor seine Erlebnisse mit den männlichen Personen zu Papier bringt? Langt nicht die Drolligkeit der Begegnungen? Die Rezensentin hat sich auch nicht die Mühe gemacht, bei Herrn Hacke nachzufragen, ob er denn nicht gar lustige oder skurrile Begegnungen mit Frauen hatte, die er hätte verarbeiten können. Vielleicht – und Achtung, jetzt wird es spekulativ – haben die männlichen Protagonisten dem Autor ihr Herz ausgeschüttet und ihm Dinge erzählt, die sie sonst nicht hätten loswerden können. Vielleicht fanden sie nie Gehör bei ihren Frauen oder bei den sie umgebenden weiblichen Personen. Vielleicht hat der Autor ja einen besonderen Draht zu den Männern gefunden. Und vielleicht hätte die Frau des Autors es nicht goutiert, wenn der Autor allzu bereitwillig mit den Frauen geredet hätte. Also bitte, Butter bei die Fische und beim nächsten frauenlastigen Buch fragen, warum darin kaum/keine Männer vorkommen.

Christoph Bodmer, Stuttgart

Wir freuen uns über Ihre Briefe, müssen uns aber Kürzungen vorbehalten.
mare Leserbriefe, Pickhuben 2, 20457 Hamburg, mare@mare.de

Anzeige

VON SCHWIMMENDEN BOTSCHAFTEN UND DER ENTRÄTSELUNG DER MEERE

Ein reich bebilderter und bibliophil ausgestatteter Band über eine eigenwillige Form der Nachrichtenübermittlung, die seit mehr als 150 Jahren Wissenschafts- und Kulturgeschichte geschrieben hat

224 Seiten mit zahlreichen Abbildungen, Halbleinen mit Lesebändchen
36 € [D]
ISBN 978-3-86648-673-7

mare

Mein Hooge, *24.*

Unser Kolumnist reiste als Jugendlicher achtmal nach Hooge. Jetzt, nach 30 Jahren, erkundet er die Hallig erneut, als Erwachsener, als Stadtmensch, mit tausend Fragen im Gepäck. Heute begibt er sich auf die Spuren von Emil Nolde

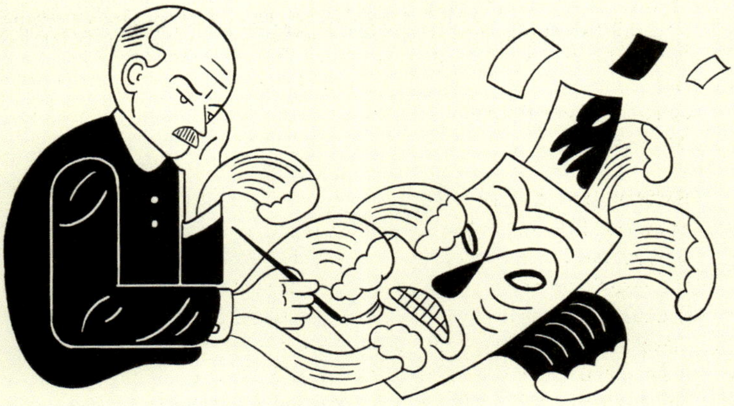

Von Jan Keith

IN MEINER PERSÖNLICHEN TOP-TEN-LISTE DER DINGE, von denen ich nichts verstehe, gibt es seit vielen Jahren eine klare Nummer eins: die Malerei. Das fängt schon damit an, dass meine eigenen Zeichenkünste sich auf dem Niveau eines vierjährigen Kindes bewegen. Zum Glück ist dieses Defizit nicht so schlimm, weil seit meiner Schulzeit niemand mehr von mir verlangt hat, ein Bild anzufertigen.

Schlimm wird es erst, wenn ich in ein Tischgespräch über Kunst hineingerate und die Namen von bedeutenden Malern nur so hin und her fliegen. Mir wird dann jäh bewusst, wie mickrig mein Wissen darüber ist. Ich kann mir gerade so merken, dass Leonardo da Vinci die „Mona Lisa" gemalt hat – und das auch erst, seitdem ich einmal im Louvre vor ihr stand.

Neulich ist es also wieder passiert, ein Gespräch über Malerei. Ich wollte gerade innerlich den Rückzug antreten, als das Stichwort Hooge fiel. Mein Gesprächspartner behauptete, dass Emil Nolde einst auf der Hallig gewesen sei. Auf einmal wurde ich hellhörig. Nolde, ein berühmter deutscher Maler (das wusste ich, weil meine Nachbarin einen echten besitzt); der vielleicht wichtigste Vertreter des Expressionismus (das habe ich gegoogelt). Was macht so jemand ausgerechnet auf Hallig Hooge, diesem winzigen Flecken platter Erde mitten in der Nordsee?

Die Antwort – ich kam erst nicht darauf – ist ziemlich einleuchtend: Er wollte malen.

Nolde, damals schon deutschlandweit bekannt, reiste am 11. April 1919 mit einem Boot aus Föhr an, allein, ohne Ehefrau, dafür aber mit viel kartonartigem Spezialpapier im Gepäck. Ich stellte mir vor, wie die Hooger Bürger den berühmten Gast am Anleger begeistert in Empfang nahmen. Vielleicht hielten sie Schilder in die Höhe: „Willkommen, Emil Nolde, schenkst du uns deinen Pinsel?" Vielleicht baten sie ihn um ein Autogramm?

In Wahrheit war das Gegenteil der Fall. Sie schenkten ihm keinerlei Beachtung.

„Dass Nolde nach Hooge kam, war für die Hooger nicht spektakulär. Sie waren Besuche von Künstlern gewohnt", sagt Hans Joachim Kühn, gebürtiger Hooger und Kunsthistoriker. Tatsächlich galt Hooge zu Beginn des 20. Jahrhunderts als absoluter Künstler-Hotspot. Wer Ambitionen in Landschaftsmalerei hatte, ließ sich die Hallig nicht entgehen.

Es existierte damals noch kein Deich, Hooge war wild und dank der ständigen Land unter voller blühender Halligpflanzen. Die Farbenwelt Hooges zog die Maler dieser Zeit magisch an – Jacob Alberts, Ingwer Paulsen, Heinrich Ehmsen oder Paul Lehmann-Brauns (alles Namen, die ich vorher auch nicht kannte).

Und Nolde? Er war eben nur einer von vielen Fremden, die mit Staffelei, Pinsel und Palette über die Salzwiesen stapften. Für die Hooger also nicht der Rede wert.

Das Desinteresse beruhte ohnehin auf Gegenseitigkeit. Nicht ein einziges Gespräch Noldes mit einem Halligbewohner ist verbrieft. Einzig mit dem Pastor muss er gesprochen haben, seinem Gastgeber auf der Kirchwarft.

„Nolde suchte gezielt die Einsamkeit auf Hooge", sagt Kühn. Und das zog Nolde, der als scheu galt, stoisch durch. Nur aus der Entfernung konnten die Hooger beobachten, wie er im Freien mit seinen Wasserfarben und Papieren hantierte. Nie kehrte Nolde irgendwo ein. Nie suchte er Kontakt.

Und doch war er nicht allein, zumindest nachts. Dann nämlich erschienen ihm seltsame, fast übersinnliche Spukgestalten, „die merkwürdigsten Wesen mit ihren Tollheiten", wie Nolde später schrieb. Diese wilden Figuren, die er „während der Stille der Nächte, wenn nur das Rauschen das Meeres hörbar war", vor seinem geistigen Auge sah, brachte er auf Hooge zu Papier, seine sogenannten „Grotesken".

Ich habe sie mir angeschaut, seine „Grotesken". Und ganz ehrlich: Mir sind die Figuren viel zu düster. Zu deprimierend.

Nolde dagegen „war vom Entstandenen tief beeindruckt", schreibt die Kuratorin Caroline Dieterich. Mit seinen „Grotesken" habe er sich zum ersten Mal gänzlich vom Naturvorbild gelöst und damit „einen Durchbruch innerhalb seiner Kunst vollzogen".

Am 25. April 1919, nach 14 Tagen Aufenthalt, reiste Nolde wieder ab, mit 71 Aquarellen im Gepäck, lauter Durchbrüchen. Und ich? Ich werde beim nächsten Tischgespräch über Nolde Frau Dieterich zitieren. Vielleicht bedeutet das meinen großen Durchbruch als Kunstkenner.

Illustration: Orlando Hoetzel

Die erhabene, melancholische, chaotische Schöne des Südens ist eine Herausforderung für ihre Bewohner und Besucher, sich in ihr zu bewegen Freude und Last zugleich. Alles an ihr flirrt und summt. Wer einmal da war, vergisst sie nicht mehr: Neapel, Napoli, Napule.

NEAPEL SEHEN UND LEBEN

Fotos: Giovanni Cocco
Text: Zora del Buono

ALLES AN DIESER STADT IST extrem, sie ist die gelebte Dualität, ist Glanz und Abgrund, ist Licht und Schatten, ist Meer und Festland, der Tod steckt genauso in ihr wie das Leben – und beides wird lustvoll zelebriert.

Das Alter der Stadt macht ihren Zauber aus, das Wissen, dass schon über 100 Generationen an ihren Ufern gestanden und aufs Meer geblickt haben, dass es in ihren Tiefen Dinge aus der Vergangenheit gibt, die es noch zu entdecken gilt. Natürlich denkt man als Erstes an Pompeji, aber auch an die Basilika San Procolo, in deren Innerem sich ein Apollotempel verbirgt.

Der Tanz auf dem Vulkan dürfte der vielleicht abgegriffenste, doch treffendste Begriff für das Lebensgefühl der Neapolitaner sein, das Wissen, dass es jeden Moment vorbei sein kann mit der eigenen Existenz, dass das Verderben unter deinen Füßen lauert, dass die Erde tanzt, wie man hier sagt, wenn sie sich bewegt, und dass aus dem Tanz urplötzlich ein Totentanz werden kann, eine ganze Stadt begraben wird unter dem, was in den Tiefen brodelt und sich über sie ergießt. Der Vesuv liegt im Osten Neapels und dann gibt es da auch noch die Phlegräischen Felder im Westen, ein 150 Quadratkilometer großes Gebiet, das untermeerisch bis nach Procida und Ischia hinüber reicht, die Felder sind ein sogenannter Supervulkan, der sich durch ein Phänomen namens Bradyseismos auszeichnet, eine Art Erdbeben im Zeitlupentempo, das den Boden hebt und senkt, als ob er langsam atmen würde, ein schlechter Atem allerdings, der Schwefelgeruch ist nicht angenehm.

Gut erkennbar ist das Ergebnis solchen Auf und Abs in der antiken Markthalle von Pozzuoli, dem Macellum. An seinen Marmorsäulen sind Bänder mit Löchern mariner Bohrmuscheln zu sehen, einst hatte dieser Markt auch unter dem Meeresspiegel gelegen. Der Vesuv und die Phlegräischen Felder besitzen in zehn Kilometer Tiefe eine gemeinsame Magmakammer, und wer sich geologische Darstellungen solcher Kammern anschaut, erkennt, welch unheimliche Kraft darin steckt. Mindestens 300 000 Menschen leben in der direkten Gefahrenzone des Vesuvs, der mit seinen 1281 Metern der Blickfang der Stadt ist, ihr Orientierungspunkt, wenn man aus den Altstadtschluch-

Vorhergehende Doppelseite **Der Vomero-Hügel im Westen Neapels ist ein wohlhabendes Quartier. Hier ist es im Sommer kühler als unten in der Stadt**

Oben **Castel dell'Ovo. Hier lernen die Kinder schwimmen und tauchen**

Rechte Seite oben **Parco Carelli ist ein kleines Viertel, 1910 am Fuß des Hügels Posillipo errichtet. Es bietet einen eindrucksvollen Blick auf den Golf**

Darunter **Die Burg ist ein Wahrzeichen der Insel Ischia. In den Jahren der aragonischen Herrschaft war sie das Ziel von Dichtern und Rittern**

Josephine

ten auftaucht; 1944 ist er zuletzt ausgebrochen, Aufnahmen zeigen eine tiefgraue Aschewolke horrenden Ausmaßes.

Doch Neapel zeichnet sich durch mehr Untergründiges, ja Abgründiges aus. Eine Welt im Verborgenen liegt unter den Straßen und Häusern, *Napoli sotteranea*, das unterirdische Neapel, ist ein geheimnisvolles Labyrinth aus historischen Zisternen, die schon von den Römern in den weichen Tuff gehauen worden waren, da unten finden sich auch Amphitheater und Katakomben aus frühchristlicher Zeit, die Toten hausen unterhalb der Lebenden. Viele Palazzi haben noch Zugänge in den Untergrund. Bis zur großen Choleraepidemie von 1884 wurden diese unterirdischen Gänge und Becken als Wasserspeicher genutzt, später als Müllhalden, alles einfach hinabgeworfen in den stinkenden Schlund.

Auch oben, in der Stadt selbst, werden die Extreme zelebriert, gehen Leichtigkeit und Schwere Hand in Hand, trinkt man im Stehen einen *caffè*, eine kurze Plauderei, dann weiter, überholen knatternde Vespas geschmückte Leichenwagen, die man hier nämlich noch sieht, weil das Sterben eben zum Leben gehört, wird gebetet und gefleht und geflucht und dreimal im Jahr kollektiv auf das Blutwunder des San Gennaro gewartet, auf Großleinwand wird das Geschehen aus dem Dom übertragen, das getrocknete Blut des Stadtheiligen soll sich an diesen Daten verflüssigen, das bringt dann allen Glück.

Weiter mit den Dualitäten: Licht und Schatten gehören dazu, nicht im übertragenen Sinn, sondern ganz real. Das Licht am Meer unten ist strahlend hell, dann wird es verschluckt von der Enge der Altstadtgassen, in denen das Leben tobt, doch je höher man die Hügel erklimmt, desto mehr taucht es wieder auf, da wird die Stadt dann nicht nur sonniger, sondern auch grüner, und es weht ein angenehmer Wind. Auf dem Vomero etwa wohnt es sich komfortabel, überall Gärten und Terrassen von bezaubernder Üppigkeit.

Der Blick über Stadt und Meer und die Inseln von hier ist atemberaubend, die Herrlichkeit des Golfs liegt vor einem ausgebreitet, und man möchte meinen, man sei Zeit und Raum enthoben, den Elementen ganz nah, doch fern der Nöte der

Oben **Im Viertel Chiaia, auf dem Weg zum Kloster der Suore Figlie della Carità**

Rechte Seite **Der Fischmarkt von Pignasecca, einer der ältesten und traditionsreichsten Märkte im historischen Zentrum**

Übernächste Seite **Spaccanapoli zerteilt die Stadt. Sie war eine der Hauptstraßen der griechischen Stadtanlage**

Napule è mille culure
Napule è mille paure
Napule è nu sole amaro
Napule è addore e' mare

Neapel ist tausend Farben
Neapel ist tausend Ängste
Neapel ist eine bittere Sonne
Neapel ist der Duft des Meeres

Pino Daniele

realen Welt. Die wiederum sind natürlich nicht wegzudiskutieren, denn ein paar Straßen weiter geht es mit den Problemvierteln los, was ja auch immer heißt: Es geht mit der Mafia los.

Die Camorra ist der weitere brodelnde Grund, auf dem die Stadt fußt. Die wohlhabenden Bürger, die am Meer unten in Posillipo oder oben auf dem Vomero in ihren Palazzi leben, mit den Pförtnern im Erdgeschoss, die alles wissen, sind von der Camorra weniger beeinträchtigt als die Armen und Arbeitslosen, von denen es in Neapel so viele gibt. Die Reichen sind oft Alteingesessene, sie haben mit der Mafia meist nichts zu tun, notfalls regeln ihre Leute die schmutzigen Angelegenheiten mit Geld. In ihren Segelclubs werden die Wörter Camorra oder Mafia überhaupt nicht in den Mund genommen, man geht auch nicht in die Altstadt, die Quartieri Spagnoli sind ein ferner, dunkler Kontinent, den man nie betreten würde.

Neapel war Roms wichtigste Hafenstadt und auch heute ist sie ein bedeutender Hafen, doch vor allem die Fähren zu den Inseln sind für Tausende Menschen von enormer Bedeutung, es wird hier gewohnt und dort gearbeitet oder umgekehrt. Dort wären also Ischia, Capri und auch Procida, die kleinste der drei Inseln.

Den besten Blick auf *Napoli, Napule, Neapel* hat man vom Meer aus, und schaut man vom Schiff aus auf diese bunte Pracht, diese opulente Schönheit, immer am Rand des Zerfalls, dann stimmt man am besten ein in die Hymne der Stadt, in Dialekt geschrieben vom berühmtesten lokalen Sänger, Pino Daniele, „Napule è", deren letzte vier Zeilen (Seite 93) so viel Wahrheit enthalten, dass sie auch in Zukunft völlig ausreichen, um die allumfassende Liebe für diese Stadt zu beschreiben. Denn sie sagen etwas sehr Weises: ohne Schatten kein Licht.

Giovanni Cocco, 1973 in den Abruzzen geboren, arbeitet vor allem über soziale Sujets. Für mare fotografierte er zuletzt eine Salzmine in Sizilien. mare-Redakteurin Zora del Buono, Jahrgang 1962, hat nicht nur Wurzeln in Neapel, auch ihre beiden Hunde sind Findeltiere aus dem Umland der Stadt.

Neapel
Fotografien von Giovanni Cocco. Mit einem einführenden Text von Zora del Buono.
132 Seiten, fadengeheftet,
Leinenband mit Schutzumschlag,
Format 30 mal 26 Zentimeter,
58 Euro

Jetzt spenden!

In Afrika bedrohen Hunger und Dürre das Leben von Millionen Menschen. Viele Kinder sind akut unterernährt und dringend auf Hilfe angewiesen. Aktion Deutschland Hilft leistet Nothilfe – mit Nahrungsmitteln, Trinkwasser und hochkalorischer Zusatznahrung. **Helfen Sie uns, Leben zu retten – jetzt mit Ihrer Spende!**

Spendenkonto: DE62 3702 0500 0000 1020 30
Jetzt Förderer werden: **www.Aktion-Deutschland-Hilft.de**

action medeor · ADRA · ASB · AWO · care · Habitat for Humanity · Help · JOHANNITER · Malteser · DER PARITÄTISCHE · World Vision · ZWST

Aktion Deutschland Hilft
Bündnis deutscher Hilfsorganisationen

„Ich habe Bermuda in meiner DNA“

Die Musikerin Heather Nova hat zwei Millionen Alben verkauft. Trotz – oder vielmehr wegen – ihrer Popularität lebt sie zurückgezogen auf einer kleinen Bermudainsel

Von Christoph Dallach

In der Hitliste beliebter Tagträume ist der vom Leben auf der eigenen Insel weit vorn. Die ewige Sehnsucht nach tiefblauem Meer, einer Sonne, die ewig scheint, also letztlich nach einem Ort, an dem alle Konflikte der modernen Welt unendlich weit entfernt scheinen. „Wenn ich Fremden erzähle, dass ich auf einer Bermudainsel lebe, denken die meisten, dass ich dort den ganzen Tag im Schatten einer Palme sitze und Kokosnüsse esse, die mir vor die Füße fallen. Sie glauben, dass es auf Bermuda keinen Alltag gibt und alle dort immer Urlaub haben. Das ist natürlich Unsinn. Aber letztlich macht es mir Spaß, diesen Mythos nicht zu entkräften. Also schreiben Sie bitte, dass ich während unseres Gesprächs unter einer Palme saß“, sagt die Musikerin Heather Nova lachend, während sie in ihrem Haus auf Bermuda in ihrem Arbeitszimmer am Laptop sitzt. Die 55-jährige Künstlerin lebt nicht nur auf einer Insel, sie gehört ihr sogar, allerdings hat sie sie nicht erträumt, sondern sich erarbeitet.

Zehn Alben mit sonnig-wehmütigen Songs hat Nova bislang veröffentlicht und mehr als zwei Millionen Exemplare davon verkauft. Erst vor einigen Wochen ist sie nach Konzerten in Europa auf ihre Insel zurückgekehrt, um von dort aus Werbung für ihr neues Album „Other Shores“ zu machen, einer Sammlung sanfter Coverversionen von Neil Young, Foreigner, den Bee Gees, Roxy Music und The National, die in Novas Bearbeitung als Soundtrack für Tagträume aller Art durchgehen.

Der Traum von Bermuda hat für die Künstlerin allerdings einen realen Hintergrund, denn als Heather Allison Frith ist sie dort am 6. Juli 1967 zur Welt gekommen. „Die Familie meines Vaters, die Friths, gehörten im 16. Jahrhundert zu den ersten Siedlern hier. Ich habe Bermuda in meiner DNA. Gut, meine Mutter stammt aus Nova Scotia in Kanada, aber da spüre ich nicht diese Nähe. Mit den Inseln und dem Meer hier dagegen fühle ich mich tief verwurzelt, was mir allerdings erst klar wurde, nachdem ich für einige Jahre in anderen Teilen der Welt gelebt hatte.“

Ihre Kindheit verbrachte Heather Nova überwiegend auf einem Segelboot, auf dem sie mit ihren Eltern sowie Bruder und Schwester kreuz und quer durch die Karibik und den Atlantik kreuzte – ein Traum ihres Vaters, der dafür seinen Beruf als Architekt aufgegeben, sein Haus verkauft und mit ihrer Mutter das Boot gezimmert hatte. Ja, sie habe eine fantastische Kindheit gehabt, sagt sie, aber mit zunehmendem Alter wurde es ihr auf dem Schiff doch zu eng. Mit 18 floh sie aufs Festland, studierte in den USA Film an der Rhode Island School of Design und zog dann weiter nach London, um als Heather Nova Songs zu schreiben und aufzuführen.

Ihre Kindheit verbrachte Nova auf einem Segelboot

Ihre erste Single veröffentlichte sie 1990, vier Jahre später folgte „Oyster“, das Album, das ihr den internationalen Durchbruch verschaffte. Seitdem ist sie als Singer-Songwriter erfolgreich, lieferte Melodien für Hollywoodfilme und stand rund um die Welt auf Konzertbühnen. Ein gelebter Traum, wenn man so will, dennoch spürte sie, dass etwas fehlt. „Ich habe 15 Jahre in London gewohnt, mir dort eine Karriere aufgebaut. Aber eines Morgens bin ich aufgewacht und wusste, dass meine Zeit in der Großstadt abgelaufen ist. Ich wollte nach Hause, denn ich war endlich bereit, mir ein Nest zu bauen. Und ich wollte ein Kind, und das sollte in Bermuda aufwachsen.“

In London lebte Heather Nova in einer winzigen Wohnung und sparte auch dann, als ihre Karriere in Fahrt kam. „Ich habe einfach Glück gehabt, als diese Insel zum Kauf angeboten wurde. Also schlug ich zu.“ Weniger euphorisch reagierte damals ihr Mann, der Vater ihres heute 18-jährigen Sohns, ein DJ, der in London bleiben wollte, „wo die Action ist“, und den sie dann doch überzeugte. Mittlerweile ist er ihr Exmann, immer noch auf Bermuda und nun eben dort als DJ und Eventmanager erfolgreich. Und Heather Nova ist auf ihrer eigenen Insel, mit ihrem Sohn und ihrem Hund.

181 Inseln gibt es in dem britischen Überseegebiet im Atlantik, nicht alle davon sind bewohnt, aber viele durch Brücken miteinander verbunden. „Bermuda besteht zwar aus vielen kleinen Inseln, aber letztlich fühlst du dich als Teil von einem großen Ganzen“, sagt sie. Ihre Insel ist nur mit einem Boot zu erreichen und ungefähr einen Hektar groß. Darauf stehen einige Büsche und Bäume und darin versteckt ihr Haus. Allerdings ist die nächste Insel nur drei Minuten entfernt. Als Fortbewegungsmittel auf dem Wasser dienen ihr ein Kajak und ein kleines Motorboot. „Wenn ich Milch kaufen will, setze ich drei Minuten mit dem Boot über und steige dort ins Auto. Aber wenn ich abends auf einer der großen Inseln essen gehen will oder zum Zahnarzt muss, und es stürmt oder regnet heftig, dann muss ich eben absagen, denn bei Unwetter sind selbst kurze Wege auf dem Wasser zu weit.“

Für Strom auf ihrer Insel sorgen Solarzellen, allerdings gibt es auch eine Stromleitung, die unter Wasser verläuft. „Die Sonnenenergie ist mir lieber. Sie zu nutzen fühlt sich einfach besser an.“ Eigenes Gemüse baut Heather Nova auch an. Und ein paar Hühner laufen auch über die Insel. „Meine Nachbarn fischen auch und essen das dann. Aber ich kann mich nicht mit der Idee anfreunden, ein Tier zu töten.“ ➢

Heather Nova vor ihrem Haus. Das eingelegte Vogelmotiv im Hals der Gitarre, eine Sonderanfertigung, hat sie selbst entworfen

Ein typischer Inseltag von Heather Nova beginnt morgens zwischen fünf und sechs Uhr, der „wunderbarsten Zeit des Tages". Dann macht sich die Künstlerin einen Kaffee oder Tee, setzt sich auf die Stufen ihres Hauses und sieht zu, wie über dem Atlantik die Sonne aufgeht. Nach diesem Ritual beginnt ihr Arbeitstag. Sie öffnet in ihrem Arbeitszimmer den Laptop, schreibt E-Mails und kümmert sich um geschäftliche Angelegenheiten. Alle Arbeit wird in der ersten Tageshälfte erledigt. „Danach mache ich Sport, gehe Schwimmen und tue Privates. Heute habe ich meinem Vater ein paar Bananen vorbeigebracht. Nachmittags und abends schreibe ich. Meine Songs sind alle auf Bermuda entstanden, auch als ich noch in London gelebt habe, kam ich hierher zum Schreiben, mietete mir ein Haus oder bin bei Freunden im Gästezimmer untergekommen. Jedenfalls kam ich immer für eine längere Zeit, schottete mich ab und arbeitete. Auch beim Schwimmen fallen mir oft Songs ein, Bewegung bringt Ideen. Jeder Musiker bevorzugt eine andere Umgebung, um kreativ zu sein, ich brauche die Nähe zur Natur für gute Ideen. In Hotelzimmern fällt mir nichts ein."

Das Schönste auf Bermuda sind für Heather Nova die Farben, das beginne bereits mit den Blumen, die überall blühen, dazu das türkisblaue Wasser und der Sand, der ein blasses Pink hat. Auf ihrer Insel sehe es aus wie auf einer Postkarte, da müsse nichts am Computer nachgebessert werden, sagt sie. Alles sei so zart – die Luft, die Pflanzen, selbst die Tiere. „Bermuda ist ein sanfter Ort. Wer aufregende Inseln sucht, sollte sich eher an die Karibik halten. Dennoch musste hier viel Natur weichen, damit Häuser gebaut werden können. Das ging leider nicht anders, weil es nur wenig Platz gibt." Aber die Häuser sind immerhin alle hübsch und in Pastellfarben gestrichen. Und die Häfen bieten mit ihrem Blick über die Weite des Meers eine beständige Bestätigung von Freiheit.

Das Gefühl, nur von Wasser umgeben zu sein, sei unbeschreiblich, sagt sie. Sie liebe die Abgeschiedenheit, denn sie sei ein schüchterner Mensch. Einen Widerspruch zu ihrem Beruf als Popmusikerin sieht sie nicht, im Gegenteil, der Gegensatz zwischen der ruhigen Insel im Atlantik und einem Konzertsaal voller Fans sei inspirierend.

Aber natürlich ist auch auf Bermuda nicht alles idyllisch. Der Sommer ist für viele eine Herausforderung. „Es wird sehr, sehr heiß, und die Luftfeuchtigkeit ist enorm. Das ist zwar anstrengend, aber zum Schwimmen fantastisch, und ich bin ständig im Wasser, weil es mich völlig entspannt. Aber es gibt auch viele Leute in Bermuda, die im Sommer das Weite suchen, weil sie es unerträglich finden. Ich liebe es nicht, aber es stört mich auch nicht weiter. Ich bin da wie eine Eidechse und passe mich der Temperatur an. Was ich viel weniger ausstehen kann, ist die Kälte."

Im Winter wird es auch in Bermuda kühl und vor allem stürmisch. Hurrikans

Die Insel hat sie sich nicht erträumt, sondern erarbeitet

sorgen für Aufregung und auch Gefahr. „Zum Glück sind die Wettervorhersagen heute sehr präzise. Wenn wieder einmal ein Hurrikan angekündigt ist, lege ich Vorräte an, besorge Kerzen und Lebensmittel. Bevor ich gehe, schließe ich mein Haus ab, verrammele die Fenster mit Brettern und sichere alles, was kaputtgehen könnte. Dann schnappe ich mir meinen Sohn und meinen Hund, und wir suchen Unterschlupf auf der Nachbarinsel bei meiner Schwester. Einfach, weil es mir unheimlich ist, bei einem solchen Unwetter allein zu sein. Wenn der Sturm dann tobt, sitzen wir sicher und trocken bei einem Glas Wein. Allerdings bin ich nicht wirklich entspannt, weil ich immer Angst um mein Haus habe. Aber große Schäden habe ich zum Glück noch nie gehabt."

Der Klimawandel macht Heather Nova noch keine Sorgen. „Angeblich gibt es mehr und heftigere Hurrikans im Sommer, aber mir ist das noch nicht aufgefallen. Aber natürlich sind die Aussichten furchterregend. Angst haben wir alle hier davor, dass der Wasserpegel ansteigen könnte. Die Häuser hier stehen nicht viel höher als der Meeresspiegel."

Eher trübt ihre Laune, dass ihr Sohn nun in dem Alter ist, in dem auch sie hinaus in die weite Welt wollte. Die ersten Jahre haben Heather Nova und ihr damaliger Mann den gemeinsamen Sohn noch auf der Insel unterrichtet, so wie ihre Eltern sie und ihre Geschwister damals auf dem Segelboot unterrichteten. Nun hat er aber seinen Abschluss auf einer der Hauptinseln gemacht und will weg, und zwar so weit wie nur möglich. Denn noch immer gilt, dass eigentlich alle, die auf Bermuda aufwachsen, wegwollen, sobald sie dürfen. Auf Bermuda passiert nicht viel Aufregendes, und der Ruf der weiten Welt ist laut und unwiderstehlich. Wer es zu etwas bringen will, muss seine Sachen packen.

„Mein Sohn kann es gar nicht erwarten auf große Reisen zu gehen, was ich natürlich verstehe. Ich war als Teenager genauso. Im Oktober wird er sich auf den Weg nach Südostasien machen. Und ich quäle mich mit banalen Fragen, wie und wo er wohl schlafen wird", sagt die Mutter leise.

Darüber, wie lange sie noch auf ihrer Insel leben wird, hat sich Heather Nova auch schon den Kopf zerbrochen. Der Umgang mit ihrem Motorboot sei physisch ziemlich anstrengend, sagt sie. Und ohne das Boot ist der Alltag auf der Insel nicht zu bewältigen. „Also sagte ich zu meinem Sohn, dass es wohl vernünftig wäre, wenn ich die Insel in einigen Jahren verkaufe, weil ich dann auf eine der großen Inseln umziehen werde, wo das Leben weniger anstrengend ist. Aber er erwiderte entsetzt: ‚Nein, nein, nein!' Er will keinesfalls, dass ich sie weggebe. Er will hier auch eines Tages leben." Auch ihr Sohn hat ja Bermuda in seiner DNA.

Christoph Dallach, Jahrgang 1964, schreibt als freier Autor gern über Popmusik. Für mare schrieb er über Abba (No. 129) und Erland Cooper (No. 152). Heather Novas neues Album „Other Shores" erschien im August. Im Oktober und November tourt sie durch Benelux, Deutschland, Österreich und die Schweiz.

DIE ESSENZ DER SINNLICHKEIT – INSPIRIERT VOM MEER
Wie duftet die charaktervolle mediterrane Levante? Und was liegt in der Sommerluft, wenn in der Normandie Atlantikwellen auf sandige Steilküsten stoßen? Der Duft der Meere ist für uns mehr als nur ein Geruch. Er ist eine Stimmung, ein Gefühl, ein Versprechen.
Beide Düfte kreierte Geza Schön, einer der herausragenden Parfumeure der Welt, gemeinsam mit mare – ausschließlich unter Verwendung hochwertiger Naturessenzen. Sie erhalten sie direkt unter www.createurmare.de. Dort finden Sie auch die Adressen ausgewählter Verkaufsstellen und Wissenswertes zu den mare-Düften.
eau du levant
créateur mare
la plage de paris
créateur mare
JETZT QR-CODE SCANNEN UND DUFTPROBE BESTELLEN
créateur mare

Geneviève Janvrin, Sophie Wright:
„Light on the Riviera.
Photography of the Côte d'Azur“,
Englisch, Französisch, Deutsch,
TeNeues, Düsseldorf, 2022,
256 Seiten mit mehr als 250 Farb- und
Schwarz-Weiß-Fotografien, 60 Euro

Matthias Harder, Guillaume de Sardes:
„Newton, Riviera“,
englische Ausgabe,
Prestel, München, 2022,
352 Seiten mit 150 Farb- und
150 Schwarz-Weiß-Fotografien,
39 Euro

In Zeiten des zunehmenden Lichts

Eine Küste, ihre Geschichte und ihre Darsteller: Zwei Bildbände zeigen szenische und gesellschaftliche Facetten der französischen Riviera

BÜCHER ÜBER DIE CÔTE D'AZUR erscheinen am laufenden Band – jüngst aber kamen zwei Werke hinzu, die sowohl ästhetisch als auch in dokumentarischer Hinsicht herausstechen.

In **„Light on the Riviera“** erzählen die Galeristin Geneviève Janvrin und die Fotografieexpertin Sophie Wright zunächst die Geschichte der Region anhand dessen, wie sie fotografisch festgehalten wurde. Chronologisch penibel beginnt ihr opulenter Bildband mit noch recht dunklen Ansichten von Cannes und seinem Umland aus den 1850er- und 1860er-Jahren, meist vom Franzosen Charles Nègre. Als die Riviera im 20. Jahrhundert nach und nach zum Hotspot für die Reichen und Berühmten wird, ändern sich auch Charakter und Motive der Bilder, von Naturaufnahmen hin zum Casino in Monte Carlo oder dem Hafen von Saint-Tropez.

Obwohl Orte wie diese die Côte d'Azur fortan prägen und zur Weltmarke machen, hält das Buch immer wieder auch Szenen aus dem Alltag „normaler“ Menschen bereit, ungestellt in pittoresken Dörfern, Cafés oder beim Picknick auf den Îles de Lérins; die schönsten Stücke darunter zeigen die Blumenernte in Grasse, eine Lavendeldestillerie oder die Töpfer von Vallauris bei der Arbeit.

Auf den Bildern ab den 1950ern, etwa von Robert Capa, Man Ray oder Dora Maar, folgen wiederum illustre Riviera-Gäste aus Film und Musik oder die Künstler, die sich dort niederließen, allen voran der darbietungsfreudige Picasso. Als Konstante strahlt durch die Jahre und Jahrzehnte hinweg selbst aus jedem Schwarz-Weiß-Foto das unverwechselbare Licht der Côte d'Azur heraus, und sei es gespiegelt in einer Pfütze auf der regennassen Croisette. Der Band, der letztlich zur echten Chronik avanciert, verzichtet durchgängig auf Bildbearbeitung, um das jeweilige Zeitgefühl zu transportieren, und endet mit modernen Werken, darunter von Helmut Newton.

Dessen Zeit in Südfrankreich und somit der „Riviera in Hochglanz“ widmet sich unterdessen das Buch des Direktors der Newton Foundation Matthias Harder und des Kunstautors Guillaume de Sardes, **„Newton, Riviera“**. Newton kaufte 1964 ein Haus in Ramatuelle, zog später nach Monaco und nutzte die Riviera als Location für seine Arbeiten bis in die

Unten links **Jean Henri Lartique: Cap d'Ail;** *oben* **Robert Capa: Pablo Picasso und Françoise Gilot, 1948;** *unten* **Alice Springs: Helmut Newton in Pumps, Monaco, 1987;** *rechte Seite* **Helmut Newton: Ohne Titel, Saint-Tropez, 1975**

1990er. Auf einen Textteil folgen – gefühlt erschließend – seine Porträts von Prominenten an der blauen Küste, von Cindy Crawford über Luciano Pavarotti bis zu Prinzessin Caroline. Newtons Akte werden derweil nicht wie in seinem sonstigen Werk von den Spannungsfeldern zwischen Freiheit, Provokation und Voyeurismus bestimmt, vielmehr leben sie von Andeutungen, sind sanfter und spielerischer; seine Bilder von den Filmfestspielen in Cannes sind fast touristisch. Vielen Bildern wohnt ein Widerspruch von Inszenierung und Privatem inne, zudem ist oft nicht klar, ob das Model oder der Ort im Mittelpunkt steht.

Das Buch, das so mit überraschenden Blickfängen aufwartet, endet mit verschwommenen Landschaftspanoramen – und der Erkenntnis, dass selbst Helmut Newton zuweilen einfach das funkelnde Meer fotografierte.

Stephan Sura

Joseph Ponthus:
„Am laufenden Band. Aufzeichnungen aus der Fabrik“,
aus dem Französischen von Mira Lina Simon und Claudia Hamm, Matthes & Seitz, Berlin, 2021, 239 Seiten, 22 Euro

Menschen, die als Instrumente dienen

Der Franzose Joseph Ponthus schildert seine Erfahrungen in der Fischverarbeitungsindustrie. Es sind prekäre Umstände

JOSEPH PONTHUS, GEBOREN 1978 IN Reims, studierte Literatur und Soziale Arbeit und war anschließend als Sozialarbeiter in Vororten von Paris tätig. Als er 2015 in die Bretagne zog und dort in seinem eigentlichen Beruf keinen Job fand, heuerte er bei einer Zeitarbeitsfirma an, die ihn in Fischfabriken und Schlachthöfen einsetzte. In „Am laufenden Band“ beschreibt Ponthus nicht nur dortige Betriebsabläufe, sondern vor allem die Primitivität der Arbeit – und was dies mit dem menschlichen Gemüt anstellt.

Sachlich, nach und nach aber doch von seinen Emotionen ergriffen, schildert er den Werdegang als Fließbandarbeiter. In der Fischfabrik pult er zuerst Garnelen, wird dann zum Frischfrisch versetzt, zur Panierstation, zum Abtrocknen von Tofu und schließlich zum Schneckensortieren. Schon nach kurzer Zeit wecken die Schwere und Monotonie der Arbeit in der dauerkalten Umgebung bei ihm das Bedürfnis, die Gegebenheiten festzuhalten; gleichzeitig setzen bereits früh Erschöpfung, Zermürbung und ein langsamer Schwund von Lebenslust ein, die alsbald auch auf das Privatleben übergreifen. Später wechselt der Autor als Putzkraft in einen Schlachthof, wo ihm im Angesicht der Zerlegehallen, notwendiger Gasmasken und Unmengen an Tierkot die Arbeit mit den Fischen fast romantisch erscheint. Trotz der Gräuel und des Tierleids setzt jedoch allmählich wieder die Abstumpfung ein, sodass er selbst dort einfach nur noch seine Arbeit verrichtet.

Nicht weniger eindringlich als die Beschreibungen der Um- und Missstände in den Fabriken ist sein Zeugnis von der Zeitarbeitsbranche. Ponthus zeigt einen Mikrokosmos sozialer Außenposten, in dem Menschen als Instrumente dienen und nützlich sind, solange sie zwei Arme haben. Quasi täglich treibt ihn die Unsicherheit darüber, wie lange der aktuelle Einsatz andauert, ganz zu schweigen von den Belastungen der Schichtarbeit mit zu wenig Schlaf, schlechtem Kaffee und kurzfristigen, vermeintlich arbeitsrechtswidrigen Dienstplanänderungen; die resultierenden Strapazen pointiert er mit der Erkenntnis, dass der Feierabend kein solcher mehr ist. Nebenbei zeichnet er ein einfühlsames Bild der anderen Arbeiter am Band, für die ein wenig frische Luft, eine Zigarette und ein kurzer Blick aufs Handy schon das Paradies darstellen.

Das in Frankreich mehrfach ausgezeichnete Buch ist zwar mit „Roman“ betitelt, gleicht aber mehr einem Protokoll, in dem Ponthus seine Erlebnisse und Empfindungen ohne Punktsetzung und wie im Akkord niederlegt, während der Rhythmus des Texts den Takt der Tagesabläufe und Arbeitsschritte anzunehmen scheint. Immer wieder sucht der Autor literarische Assoziationen, gerade bei den anspruchslosesten und widerlichsten Arbeiten, zur Ablenkung, aber wohl auch, um geistig nicht zu verfallen. Dann und wann findet er in Schufterei sogar ein Quäntchen Glück, etwas Existenzielles in der gesellschaftlichen Parallelwelt der Fabrik.

„Mögen meine Garnelen und meine Fische meine Steine sein“, proklamiert er in Anlehnung an eine Parabel von Paul Claudel – bis ihn die Arbeitsrealität wieder unverzüglich übermannt. Im Februar 2021 starb Joseph Ponthus an Krebs.

Stephan Sura

Cixin Liu, Rodolfo Santullo, JOK:
„Meer der Träume“,
aus dem Englischen von Maximilian Schlegel, Splitter, Bielefeld, 2021, 96 Seiten, 19,80 Euro

Pierre Gabus, Romuald Reutimann:
„Der Hafen der Geheimnisse: Das Monster aus dem Meer“,
aus dem Französischen von Thomas Schöner, Carlsen, Hamburg, 2021, 64 Seiten, 12 Euro

Mystische Meere

Ozeane, würfelförmig um die Erde kreisend, eine rätselhafte Spezies, nicht Mensch, nicht Lurch: zwei fantastisch kluge Graphic Novels

NOCH IMMER SIND DIE OZEANE zu weiten Teilen so unerforscht wie ferne Planeten, und so ist es nicht weiter verwunderlich, dass das Meer ein endloser Quell für fantastische und mysteriöse Geschichten ist. Jenseits von Bermudadreieck und Atlantis beziehen aktuell zwei Texter-Zeichner-Gespanne das Meer auf ganz neue Art in ihre utopischen und surrealen Graphic Novels ein.

Bei der Geschichte **„Meer der Träume“** muss man sich erst einmal auf ein ungewöhnliches Szenario einlassen. Bei einem Eisskulpturenfestival, bei dem gerade der Eisschnitzer Yan Dong wegen seiner abstrakten Figuren verhöhnt wird, taucht aus den Tiefen des Weltalls ein äußerst ungewöhnlicher Teilnehmer auf. „Niedrigtemperaturkünstler“ nennt sich das Wesen, das wie eine überdimensionale Billardkugel samt Tentakeln daherkommt, und es sieht in Yan Dong den Einzigen, der als Künstler wenigstens annähernd dazu in der Lage ist, mit ihm einen Diskurs über den Sinn der Kunst und des Lebens zu führen. Denn „Kunst ist das Einzige, was dieser und jeder anderen Welt Wert verleiht“, führt die Wesenheit aus. Und für seine Kunst, nämlich Eisskulpturen, benötigt das Alien Wasser, das es dann, zu Kuben gefroren, am Nachthimmel in Bahnen um die Erde kreisen lässt. Kunst liegt halt im Auge des Betrachters. Blöd bloß, dass das Wesen für seine Kunst arg viel Wasser braucht. Nämlich ziemlich exakt das gesamte Wasser aller Weltmeere. Während also alsbald die Ozeane würfelförmig am Firmament ihre Bahnen ziehen, sitzt die Erde auf dem Trockenen. Selbst die gebündelten Armeen der Welt können gegen das Wesen nichts ausrichten, und nachdem die Menschheit sich erfolglos kriegerisch ausgetobt hat, muss es dann doch wieder die Wissenschaft richten.

Die Graphic Novel ist nach einer Kurzgeschichte des chinesischen Science-Fiction-Autors Cixin Liu entstanden, der Originaltext wurde vom uruguayischen Schriftsteller Rodolfo Santullo adaptiert, visuell eingefangen wurde das Werk durch den argentinischen Zeichner JOK, dessen kantiger, rauer Strich anfangs etwas gewöhnungsbedürftig ist, aber zum dystopischen Grundton der Geschichte passt.

Das zweite Gespann, Autor Pierre Gabus und Zeichner Romuald Reutimann, geht seine mysteriösen Geschichten hingegen mit einem fast schon altmodischen Retrocharme an und sind dementsprechend in den 1930ern angelegt. Die Serie **„Hafen der Geheimnisse“** spielt in der Normandie, in der Hafenstadt Cherbourg, aber in einer Art Paralleluniversum, in dem alles ganz ähnlich und doch ganz anders ist. Dort heißt Cherbourg „New Cherbourg“, und im Atlantik lebt eine geheimnisvolle Spezies, die „Gründler“, die optisch irgendwo zwischen Lurch und Mensch angesiedelt sind und die auf haarigen, blauen Walen durch die Tiefe reiten.

Atmosphärisch erinnert die Story an Jacques Tardis „Adèle“-Abenteuer, stilistisch lehnt sie sich an die „Ligne Clair“, bekannt durch die „Tim & Struppi“-Alben des Zeichners Hergé. So ähneln die Hauptfiguren, das Agentenduo Émile und Emil, den leicht trotteligen Detektivzwillingen Schulze & Schultze aus der „Tim“-Reihe, bloß dass die „Cherbourg“-Agenten außergewöhnliche Eigenschaften besitzen. Dadurch entfalten die Geschichten einen eigenwilligen, gemütlichen Charme.

Andreas Eikenroth

Weltall auf Erden: „Meer der Träume“ *(links)*; **Retrocharme: „Hafen der Geheimnisse“** *(rechts)*

Jessica Love:
„Julian ist eine Meerjungfrau"*,*
aus dem Englischen von Tatjana Kröll, Knesebeck, München, 2022, 32 Seiten, 14 Euro, ab 4 Jahren

Verzaubertes Kind

Ein reizendes, blitzmodernes Märchen über Meerjungfrauen

MITTEN AUF DER FAHRT MIT DER U-Bahn tauchen plötzlich Meerjungfrauen vor dem schwarzen Jungen Julian auf. Drei Frauen sind auf dem Weg zum Strand und haben sich verkleidet. Julian ist sofort völlig verzaubert. „Er LIEBT Meerjungfrauen" und träumt sich in eine Fantasiewelt im Meer, wo er einen rosa Fischschwanz hat und ihn ein Sog aus vielen bunten Wesen mitreißt. Zu Hause ermahnt in seine Oma: „Sei schön brav." Doch Julian reißt Farnwedel aus, steckt sie sich ins Haar, auch eine hellgelbe Gardine entwendet er, die er als eine Art Fischschwanz um seinen Bauch bindet. Lippenstift malt er sich noch auf den Mund und ist voll des Glücks. Er hat sich gerade selbst in eine Meerjungfrau verwandelt.

Ist das erlaubt? Ein schwarzer Junge als eine Art Arielle? Als Disney für den Realfilm Halle Bailey als schwarze Meerjungfrau Arielle in der Hauptrolle engagiert, gibt es Kritik von Rassisten. Darf Arielle schwarz sein, darf es vielleicht sogar ein Junge sein? Im Buch denkt Julian darüber gar nicht nach, er macht einfach, was er will. Unbeeindruckt von Klischees lebt er seine Fantasie mit spielerischer und verträumter Leichtigkeit aus.

Gemalt ist das Buch in leuchtendem Pastell und geeignet für Kinder ab vier Jahren. Mit wenig Text und wunderbaren Bildern entsteht auch so eine deutliche Aussage. Denn auch wenn Julians Großmutter erst skeptisch dreinschaut, als sie ihren Enkel so verkleidet sieht – sie reagiert prompt und bringt ihm eine Perlenkette, damit er noch perfekter gekleidet ist. Sei, was immer du sein magst, sagt sie ihm damit.

Katja Maria Engel

Iwan Bunin:
„Nachts auf dem Meer. Erzählungen 1920–1924"*,*
aus dem Russischen von Dorothea Trottenberg und Swetlana Geier, mit einem Nachwort von Thomas Grob, Dörlemann, Zürich, 2022, 334 Seiten, 26 Euro

Erzählungen eines Nobelpreisträgers

1933 erhielt Iwan Bunin als erster Russe den Literaturnobelpreis. Da war er in Paris im Exil. Geflüchtet war er aus Odessa über die Krim

„AUF DEM BERG IN DER STADT herrschte an diesem nasskalten Wintertag jene schicksalhafte Kampfpause, jenes Machtvakuum, jene unheilschwere Verlassenheit, wenn die letzten Verteidiger sich bereits zurückziehen und auch die letzten flüchtenden Einwohner fliehen, der vorrückende Feind jedoch noch unsicher ist und sich bald verstohlen, bald ungestüm, mit zaghafter Kühnheit vorwärtsbewegt."

Das geschieht vor 100 Jahren in Odessa, der ukrainischen Hafenstadt am Schwarzen Meer. Niedergeschrieben sind diese Worte von Iwan Bunin 1920 in Paris. Er schreibt als Augenzeuge, als einer der vor revolutionären Bolschewisten Fliehenden. Auf dem hoffnungslos überfüllten französischen Dampfer „Patras" wollen sie sich nach Konstantinopel retten. Seit Menschengedenken versuchen Geängstigte, Verfolgte, sich über das Meer in Sicherheit zu bringen. Die schrecklichen Bilder schiffbrüchiger Syrer oder Maghrebiner im Mittelmeer stehen allen vor Augen.

Zu Bunins Zeit gab es die altersschwache „Patras", die bei rauem Wetter Untergangsfurcht schürte. „Ich stand beim Deckshaus und starrte stumpf zur Stadt auf dem Berg, der sich in Nebel hüllte, und auf den Hafen. In der schon leise heraufziehenden Dämmerung spürte man: Es ist alles zu Ende. Man spürte, dass das Werk vollbracht war, dass die Stadt sich ergeben, sich unterworfen hatte, dass sie nun völlig wehrlos war gegenüber den Siegern, die Tod und Entsetzen bringen würden, Plünderei, Schändung, Mord, Hunger."

100 Jahre nach dieser Erzählung „Das Ende" ist die ukrainische Schwarzmeerküste von der russischen Marine blockiert, man spricht von einer Verminung. Als der 1870 im russischen Woronesch geborene Iwan Bunin floh, war er bereits ein anerkannter Dichter. Im französischen Exil, das er bis zu seinem Tod 1953 nicht mehr verließ, überwand er seine Entwurzelung und seine Lebenshemmung, konnte schließlich aber so erfolgreich schreiben, dass er 1933 als erster Russe den Nobelpreis für Literatur erhielt.

Seine Erzählungen aus der frühen Exilzeit sind in dem schönen Sammelband „Nachts auf dem Meer" erschienen. Sie sind von Dorothea Trottenberg und von der in Kiew geborenen Swetlana Geier (1923–2010) übersetzt worden. Die Titelgeschichte handelt auch von einer Schiffspassage, die in Odessa beginnt und zunächst auf die Krim führt. Zwei Männer begegnen sich an Bord. Der eine hatte dem anderen vor mehr als zehn Jahren dessen inzwischen verstorbene Frau ausgespannt. Am Ende wünschen sie sich, ohne Freunde geworden zu sein, in ihren Deckstühlen eine gute Nacht.

28 meisterhafte Erzählungen enthält das liebevoll gestaltete Buch, eine für Bunin typischer als die andere. Am bewegendsten aber ist „Das Ende" – wegen seiner Aktualität und der Eindrücklichkeit der Schilderung dieser stürmischen Seefahrt in die Freiheit: „Zwei Dampfer, die ebenso überfüllt einen Tag früher ausgelaufen waren, hatten Schiffbruch erlitten. Die ‚Patras' war alt und überladen. Das Wasser schoss bereits rauschend an unseren dünnen Wänden entlang, rollte immer öfter und immer wütender von der Seite heran." Das rettende Meer bleibt immer ein Wagnis!

Harald Loch

Mariette Navarro:
„Über die See",
aus dem Französischen
von Sophie Beese,
Antje Kunstmann, München,
2022, 160 Seiten, 20 Euro

Die Lebenden, die Toten, die Seefahrer

Eine Schriftstellerin wird auf einen Frachter eingeladen. Die Erfahrung verarbeitet sie in einem Roman mit einer hinreißend rigorosen Heldin

ES IST DIESER EINE SATZ, DER IHRE Fantasie beflügelte, jahrelang, bevor sie ihren Debütroman geschrieben hat: „Es gibt drei Arten von Menschen: die Lebenden, die Toten und die Seefahrer." Mit diesem Satz, der Aristoteles zugeschrieben wird, beginnt Mariette Navarro ihr Buch. Als sie 2012 einen Frachter bestieg, der von Saint-Nazaire nach Pointe-à-Pitre auf Guadeloupe fahren sollte, wurde sie an Bord mit eben diesem Satz vom Chefmaschinisten empfangen. Und der Mann fügte hinzu: „Willkommen in der Welt der Seeleute."

Gemeinsam mit anderen Schriftstellern war die Französin zu dieser ungewöhnlichen Kreativwerkstatt mitten auf dem Meer eingeladen. Zunächst wollte die 1980 in Lyon geborene Dramaturgin ein Theaterstück aus ihren Borderfahrungen machen, merkte aber schnell, dass das nicht zusammenging, wie sie im Zoom-Interview erzählt. Später kam ihr die Idee, einen Roman zu schreiben, dieses Mal glaubte sie an ihr Projekt. „Ultramarins", im letzten Jahr in Frankreich herausgekommen, wurde ein Erfolg, der die angenehm zurückhaltend wirkende Autorin selbst überrascht hat. „Über die See", so der deutsche Titel, ist ein kurzer, ungeheuer dichter, poetischer Text.

Navarro hat sich während der Fahrt viele Notizen gemacht, Videos von den Maschinenräumen gedreht. „Es war unglaublich heiß dort, etwa 50 Grad, ich hatte das Gefühl, im Bauch eines riesigen Tieres zu sein." An die Vibration, die man ständig und überall hört, habe sie sich schnell gewöhnt, „es ist wie ein Herz, das schlägt, das hat durchaus etwas Beruhigendes, vermittelt Sicherheit". Gleichzeitig empfand sie hin und wieder ein Gefühl des Ausgeliefertseins. „Man ist auf dem Meer sehr klein, ein Nichts, selbst wenn man auf einem so großen Schiff unterwegs ist. Man kann dort auch für immer verschwinden, eine große Welle reicht." Dieses Paradox von Sicherheit und Schutzlosigkeit habe sie auf dem Frachter deutlich gespürt. Zum Ausgeliefertsein gehört aber auch das Übel, das viele ungeübte Seefahrer kennen: die Seekrankheit. Am Anfang, als es ein heftiges Unwetter gab, habe sie gelitten, sagt Navarro. Ihr Trost: Auch viele der Matrosen wurden seekrank.

Hat an Bord viel erlebt: Mariette Navarro

Es ist beeindruckend, wie genau Navarro in ihrem Roman das Leben an Bord beschreibt. Dazu hat sie eine hinreißende Hauptfigur geschaffen: eine Kapitänin, rigoros und pflichtbewusst, die sich in einem schicksalhaften Moment eine Schwäche erlaubt. Sie gibt dem Wunsch ihrer Mannschaft nach, mitten auf dem Atlantik ein Bad zu nehmen. Dafür müssen die Maschinen gestoppt werden, bis der Schiffskoloss schließlich steht. Die Besatzung, 20 Männer, springen ins Meer, nur die Kapitänin bleibt an Bord. Nachdem die Männer – seltsamerweise sind es jetzt 21 – wieder zurück auf dem Frachter sind, passieren mehrere beunruhigende Dinge an Bord, die verlässliche Routine ist dahin.

„Es kommt selten vor, dass wir unsere gewohnten Abläufe durchbrechen, unser Effizienzdenken anhalten, so wie die Maschinen auf dem Frachter gestoppt werden", sagt die Autorin. „Man glaubt, man sei gefangen in seinen Verpflichtungen, aber irgendwo ist es immer möglich auszubrechen. Mich hat interessiert, was die Entscheidung der Kapitänin, die ja vollkommen unprofessionell ist, mit ihr macht, inwieweit sie vielleicht sogar Freiheit gewinnt."

Die Kapitänin ist eine Unbehauste – Navarro, die in Paris lebt, fühlt sich ihr verwandt. „Mit dem Satz des Maschinisten im Kopf habe ich die Welt mit anderen Augen gesehen. Ich habe überlegt, wer in meinem Umfeld ein Landbewohner ist, also verwurzelt mit dem Ort, wo er lebt und im Leben überhaupt, und wer zu den Seeleuten gehört, die viel unterwegs sind, unstet. Ich gehöre eher zur zweiten Kategorie. Dadurch empfinde ich eine gewisse Nähe zu den Seeleuten, bin quasi Matrosin an Land."

Ein anderer Unsteter, der Navarro begleitet hat, ist Odysseus. In der „Odyssee" hat sie vor allem der Abstieg des antiken Weltumseglers in das Reich des Todes beeindruckt, wo er verstorbenen Kameraden begegnet. Vielleicht ist das Meer, so Navarro, eine Schwelle, wo sich die Lebenden und die Toten treffen, wo es keine klare Trennung gibt. Folgt man diesem Gedanken, wäre jede Seereise ein Grenzgang zwischen Leben und Tod.

Franziska Wolffheim

An dieser Stelle berichtet mare regelmäßig über neue Bücher aus seinem aktuellen Verlagsprogramm

Es bleibt immer das Rätselhafte

Wolfgang Struck ist Professor für neuere deutsche Literatur – und ein Fan alter Geheimnisse. Ein Gespräch über sein Buch „Flaschenpost"

mare: *Wie sind Sie auf das Thema Flaschenpost gekommen?*
Wolfgang Struck: Ich hatte mich mit verschollen Forschungsreisenden im 19. Jahrhundert beschäftigt und bin dabei auf Georg Neumayers Flaschenposten gestoßen. Und durch eine literarische Verbindung: In Jules Vernes Roman „Les enfants du capitaine Grant" löst eine Flaschenpost eine weltumspannende Suche aus.

Was hat Sie in den mehr als 600 Botschaften und Flaschenpostbriefen des Ozeanografen Georg Balthasar Neumayer begeistert und überrascht?
Die Faszination, die Wissenschaft auf viele Menschen im 19. Jahrhundert ausgeübt hat. Man spürt die Begeisterung, an der Enträtselung der Welt teilnehmen zu können, und dabei spielt die Kenntnis des Weltmeers eine zentrale Rolle.

Mit der Flaschenpost wurden auch bittere Nachrichten verschickt. „I send an SOS to the world" – wie Sting singt. Welche Geschichte hat Sie besonders berührt?
Die Botschaften der Menschen von der untergehenden „London": Sie wussten, dass es für sie keine Rettung geben wird, und denken an diejenigen, die ihnen wichtig sind. Aber auch manche wissenschaftliche Flaschenpost hat etwas enthüllt, etwa die zur Karibikinsel Vieques, die verbunden ist mit der Geschichte des transatlantischen Sklavenhandels. So werden Flaschenposten zu Spuren eines der größten Verbrechen der Weltgeschichte.

Paul Celan vergleicht Flaschenposten mit Lyrik. Auch ein Gedicht werde in die Welt geschickt; ob es von jemandem dechiffriert wird, bleibt offen. Hat sich das auf Ihr Schreiben des Buchs ausgewirkt?
Wenn man wissenschaftlich schreibt, hat man eine kleine, ziemlich klar umrissene Gruppe von Adressatinnen und Adressaten, man kennt und bedient die Erwartungen. Mit den Flaschenposten hatte ich die Vorstellung, dass das für mehr Menschen interessant sein könnte. Es war für mich auf eine positive Weise ungewohnt, für Leserinnen und Leser zu schreiben, von denen ich mir kein rechtes Bild machen konnte.

Haben Sie aus der Recherche für das Buch Neues gelernt?
Ich habe gelernt, wie viel Spaß es macht, beim Schreiben offener zu sein. Bei der Recherche habe ich abwegiges Material angehäuft, welches ich nicht für das Buch verwenden würde, das ich aber immer spannender fand, je weiter ich mich verführen ließ. Und das hat ja mit der Flaschenpost zu tun: Nicht jede erreicht ihr Ziel – und wenn man eine abschickt, weiß man nicht einmal, wo dieses Ziel liegen könnte. Man vertraut sich Strömungen, äußeren Kräften und auch dem Zufall an.

Wolfgang Struck: ***„Flaschenpost"****, 224 Seiten, 36 Euro*

Gibt es moderne Flaschenpostvarianten?
Die Kommunikation auf sozialen Netzwerken hat etwas Flaschenpostartiges. Wenn ich ein Bild auf Instagram poste, weiß ich auch nicht, wer es sehen wird und was das auslösen wird. Das ist die Unberechenbarkeit, die auch die Flaschenpost so faszinierend macht.

Vor etwa zehn Jahren landeten Zehntausende Plastikenten aus einem Container in den Weltmeeren. Sind das unsere modernen Flaschenposten? Ist Plastikmüll das neue Vermessungsinstrument für Meeresströmungen?
Leider ja. Die Sache mit den Plastikenten war lustig, und ich hätte mich gefreut, eine zu finden. Da sie so auffällig waren, gab es viele Rückmeldungen, die der ozeanografischen Forschung interessante Daten geliefert haben. Aber der meiste Müll gelangt nicht an die Küsten. Schon Neumayer hatte spekuliert, dass die meisten seiner Flaschen von großen Wirbelströmungen auf der offenen See gleichsam festgehalten werden. Wenn er aber vom Pacific Garbage Patch wüsste, dem gigantischen Müllfeld im Zentrum des Ozeans, dann würde er sich wohl kaum über die Bestätigung seiner Theorie freuen.

Haben Sie eine Lieblingsflaschenpost?
Literarisch Bertolt Brechts kurze Erzählung „Die Flaschenpost". Schöner wird das Rätselhafte, das die Flaschenpost so faszinierend macht, kaum irgendwo nachvollziehbar.

Sind Sie ein „Beachcomber", machen Sie sich also auf die Suche nach Strandgut?
Ich bin ein leidenschaftlicher Strandspaziergänger, und ich finde den Spülsaum faszinierend. Aber ich hebe selten etwas auf.

Die Fragen stellte Barbara Schaefer.

Lutz C. Kleveman:
„Smyrna in Flammen. Der Untergang der osmanischen Metropole 1922 und seine Folgen für Europa“,
Aufbau, Berlin, 2022, 381 Seiten, 24 Euro

Die gemordete Stadt

Lutz C. Kleveman erzählt in seinem Buch vom Untergang der legendären Hafenstadt – und von humaner Gegenwehr heute

DIE FLAMMEN UND DER RAUCH stiegen hoch in den Nachthimmel über der Hafenstadt Smyrna, breiteten sich vom armenischen in das griechische Viertel aus und drangen sogar bis zum Quai vor. Wer zu dieser Zeit noch nicht umgekommen war, suchte sein Heil im Wasser, denn vor der Stadt ankerten westliche Schiffe. Diese ließen jedoch die Flüchtlinge nur in Ausnahmefällen an Bord; man schrieb September 1922, und in den Vereinigten Staaten und in Großbritannien war man an guten Wirtschaftsbeziehungen mit Kemal Atatürks Türkei interessiert. Diese war aus den Trümmern des 1918 zugrunde gegangenen Osmanischen Reichs entstanden und machte Tabula rasa mit allen kosmopolitischen Überbleibseln. Das Feuer, das Smyrna und Zehntausende vor allem griechischer Bewohner auslöschte, war von türkischen Soldaten gelegt worden.

Ein Jahrhundert später begibt sich Lutz C. Kleveman auf Spurensuche: Was war dieses polyglotte, heterogene Smyrna, das Seefahrer ebenso begeistert hatte wie Handeltreibende, Abenteurer und Literaten, Christen und Muslime und Juden und allerlei selbstbewusste „Levantiner“? Entstanden ist ein Buch, wie es in seiner souveränen Genremischung sonst eher in der angelsächsischen Welt existiert: Literarische Reisereportage voller Atmosphäre und erhellender Dialoge, historische Tiefenbohrung und vor allem eine Reflexion über das Massenmörderische von Städtehass und Nationalismus, über den Wahn „ethnischer Reinheit“ und die Panik vor ziviler Heterogenität.

Dem Massaker von Smyrna war der berüchtigte Vertrag von Lausanne gefolgt, der einen Bevölkerungsaustausch zwischen Griechenland und der Türkei festlegte: Seit Jahrhunderten ansässige Muslime etwa in Saloniki oder auf den Inseln Chios und Lesbos mussten ihre Heimat verlassen, um im autoritären Atatürk-Staat angesiedelt zu werden, der sich zugleich seiner griechischen Minderheit entledigte.

Kleveman hat mit „Smyrna in Flammen“ ein Werk vorgelegt, das in doppelter Hinsicht Maßstäbe setzt: als Erinnerung an eine nahezu dem Erdboden gleichgemachte Stadt und ihre ums Leben gebrachten Bewohner und als humanen Einspruch, der nicht im Rhetorischen verbleibt. Der reisende Historiker und Erzähler sieht sich nämlich überall um: auf den vorgelagerten griechischen Inseln (auf die Potentat Erdoğan Anspruch erhebt) wie auch in Izmir, das aus den Trümmern Smyrnas entstanden ist. Er spricht mit Flüchtlingen, mit Iranern und Syrern, mit gestrandeten Afrikanern, die ebenfalls Geschichten erlebt haben von unterlassener Hilfe, jedoch auch von unerwarteter Solidarität.

Denn so, wie sich vor 100 Jahren ein amerikanischer Geistlicher gegen die Hinhaltetaktik der eigenen Regierung zahlreicher Smyrna-Überlebender angenommen hatte, gibt es auch heute in Griechenland und in der Türkei Menschen, die im Anderen zuerst den Mitmenschen sehen und nicht den Fremden. Selbst Paare, die in „Mischehen“ leben, hat der Autor getroffen. Ohne sie und ihren unprätentiösen Alltagsmut wäre die Welt gewiss noch deprimierender – und ohne Klevemans Buch wüssten wir wohl nicht einmal von ihrer Existenz, die ein einziges Dennoch ist.

Marko Martin

Charles Villiers Stanford:
„To Send My Vessel Sailing On Beyond“,
Elisabetta Paglia, Mezzosopran; Christopher Howell, Klavier; CD, Da Vinci Classics, 2022, 75 Minuten

Sehnsucht singen

Robert L. Stevensons Kinderverse, 1892 vertont, heute eingespielt

WER HAT NICHT IN JUNGEN JAHREN beim Lesen der „Schatzinsel“ innerlich gezittert, wenn der hinterhältige Pirat Long John Silver dem abenteuerlustigen Jim Hawkins nach dem Leben trachtete? Der Autor dieses großartigen Abenteuerromans, Robert Louis Stevenson, hat neben Reiseberichten, Essays und Romanen auch Lyrik verfasst, darunter Kinderverse, die der irische Komponist Charles Villiers Stanford unter dem Titel „A Child's Garland of Songs“ op. 30 1892 vertonte. Romantische Lieder voller Sehnsucht nach der See, nach fernen Ländern, nach abenteuerlichen Schiffsreisen sind entstanden.

Die italienische Mezzosopranistin Elisabetta Paglia widmet sich mit dem englischen Pianisten Christopher Howell diesem und vier weiteren Liederzyklen, die in den Jahren 1892 bis 1918 von Stanford geschrieben wurden. Er setzte unter anderen Verse von Alfred Tennyson und Walt Whitman in Musik, in denen es um philosophische Themen wie Glauben, Patriotismus, die Stellung des Einzelnen im Universum geht. In dem Song „Joy, Shipmate, Joy“ bleibt die Antwort auf die Frage nach einem Leben nach dem Tod offen.

Die „Songs of a Roving Celt“ op. 157, „Lieder eines vagabundierenden Kelten“, erscheinen hier als Erstaufnahme. Mit ihrer wohlklingenden, dunkel timbrierten Stimme wird die Sängerin zur musikalischen Erzählerin. Es gelingt ihr, die verschiedenen expressiven Nuancen der lyrischen Texte glaubwürdig zu interpretieren. Christopher Howell unterstützt sie als fein differenzierender musikalischer Begleiter mit seinem empfindsamen Spiel.

Elke Seifert

Cay Rademacher:
„Die Passage nach Maskat“,
Dumont, Köln, 2022,
368 Seiten, 22 Euro

Aufm Oberdeck

Der Luxusdampfer als perfektes Setting für einen rasanten Krimi

„WENN ICH STERBE, WERDE ICH AUF dem Meer sterben“, so das Mantra des durch einen U-Boot-Einsatz traumatisierten Gesellschaftsfotografen Jung. Er ist mit Frau und Schwiegereltern, einer hanseatischen Kaufmannsfamilie, auf einem Luxusdampfer unterwegs. Man schreibt das Jahr 1929. Die Herren tragen weiße Leinenanzüge, die Damen tanzen Charleston, man hört Jazz, die berüchtigte Nackttänzerin Anita Berber ist mit von der Partie.

Noch vor Lektürebeginn werden wir im Klappentext gewarnt: Die Frau des Fotografen wird bald verschwunden sein. Die Familie behauptet, sie sei nie an Bord gewesen. Dieser Hitchcock-Effekt schärft die Aufmerksamkeit beim Lesen. Die Ängste des Fotografen, der von Beginn an das Schiff mit Argwohn betrachtet, werden so zu Vorzeichen des Kommenden.

Jung hat ein kamerageschultes Auge und fahndet mithilfe eines Zimmermädchens nach seiner Frau. Der Autor beschreibt Blickrichtungen auf obskure Zusammenkünfte an einem Schornstein, den Jung als Attrappe ausmacht, und vom Oberdeck nach unten, auf das Treiben der dritten Klasse. Das erinnert an eine frühe Beschreibung des Fotografen Alfred Stieglitz, der, fasziniert vom Anblick des regen Lebens auf dem Unterdeck, die Luxuspassagiere als den wahren Mob ansieht.

Auch in Rademachers Krimi erfolgen die Verbrechen auf dem Oberdeck. Die Story ist rasant: Man wähnt sich selbst auf dem Schiff, durchstreift Gänge, dringt in Passagieren verwehrte Zonen ein. Die farbigen Schilderungen der See machen den besonderen Reiz des Buchs aus.

Andrea Gnam

Stephan Thome:
„Pflaumenregen“,
Suhrkamp, Berlin, 2021,
526 Seiten, 25 Euro

Inselnamen

Ein feiner Roman über Taiwans wechselhafte Geschichte

„GLAUB MIR, KLEINES, DU WIRST noch sehr oft Gelegenheit bekommen, dich an neue Dinge zu gewöhnen.“ Dieser Satz, mit dem Umekos Vater sie beruhigen will, als der Pazifikkrieg Anfang der 1940er-Jahre nach Taiwan kommt, reflektiert wie kaum ein anderer den Zustand von Einwirkung, Umbruch und Suche, der seit Ende des 19. Jahrhunderts auf der asiatischen Insel herrscht – und den Stephan Thome in „Pflaumenregen“ klug und einfühlsam in einer Art Familienroman schildert.

Der aus Hessen stammende Autor, der mit einer Taiwanerin verheiratet ist und in Taipeh lebt, erzählt abwechselnd von zwei Übergangszeiten dort: einmal im und nach dem Zweiten Weltkrieg, dem Ende der japanischen Kolonialzeit und zu Beginn der radikalen (Re-)Sinisierung durch die Kuomintang, und heute, wo sich Taiwan zum demokratischen Industrieland entwickelt hat. Protagonistin ist besagte Umeko, die man in ihrer Kindheit und an ihrem Lebensabend trifft, als sie schon lange nur noch Lee Ching-mei oder Hsiao Mei genannt wird.

Bereits die sich wandelnden Namen – zuerst japanisch, später taiwanisch und chinesisch oder amerikanisiert bei Umekos Enkeln – zeigen das Spannungsfeld zwischen aufgezwungener und gewollter Identität in Taiwans Historie. Thome zeigt gerade in Dialogen nicht nur den Wunsch nach Anerkennung und Heimat, sondern auch persönliche und gesellschaftliche Emanzipation. Heraus kommt ein kaum aktueller denkbares Werk, das die derzeitige Bedrohung durch die Volksrepublik China auch psychologisch näherbringt.

Stephan Sura

Im Netz

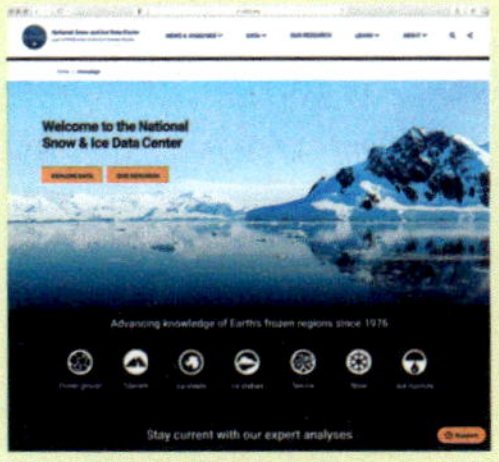

www.nsidc.org

Von der Arktis bis zur Antarktis spielen Schnee und Eis eine wichtige Rolle bei der Regulierung des Erdklimas und der Bereitstellung von Süßwasserressourcen für Menschen, Pflanzen und Tiere. Das National Snow and Ice Data Center (NSIDC) an der University of Colorado Boulder betreibt seit 1976 innovative Forschung und stellt offene Daten zur Verfügung, um zu verstehen, wie die gefrorenen Teile der Erde den Rest des Planeten und die Gesellschaft beeinflussen. Die Website des Zentrums ist eine großartige Quelle für die gesammelten Daten, also auch für die wissenschaftliche Arbeit über den weltweiten klimatischen Wandel.

Wiebke Böse

Im Deckchair

Ein persönlicher Tipp von Eva Grünert, mare-Sekretariat und Organisation

Louisiana Museum of Modern Art, Kopenhagen, Dänemark
www.louisiana.dk

Als ich mit Freunden vor ein paar Jahren in Kopenhagen war, haben wir die Stadt für einen halben Tag verlassen und sind ins Louisiana Museum of Modern Art gefahren. Das traumhafte Anwesen mit Blick über den Øresund hat uns in eine andere Welt entführt. Die moderne Architektur der 1950er-Jahre ist zurückhaltend eingebettet in die nordische Landschaft. So sind wir umgeben von moderner Kunst durch den Garten gewandelt, haben neben Henry Moores Figuren auf der Wiese gesessen und uns an Giacometti erfreut. Es ist ein Ort zum Wohlfühlen, und wer den oft besungenen Einklang von Kunst, Architektur und Landschaft einmal erleben will, ist hier genau richtig. Der Museumsdirektor Poul Erik Tøjner bietet auf der Website virtuelle Rundgänge durch den Park an – da möchte ich gleich noch einmal auf der Terrasse des Cafés sitzen: im Vordergrund die Skulpturen von Alexander Calder, im Hintergrund der Øresund.

TEXT: BERND FLESSNER
ILLUSTRATIONEN: GÜNTER RADTKE

VISION

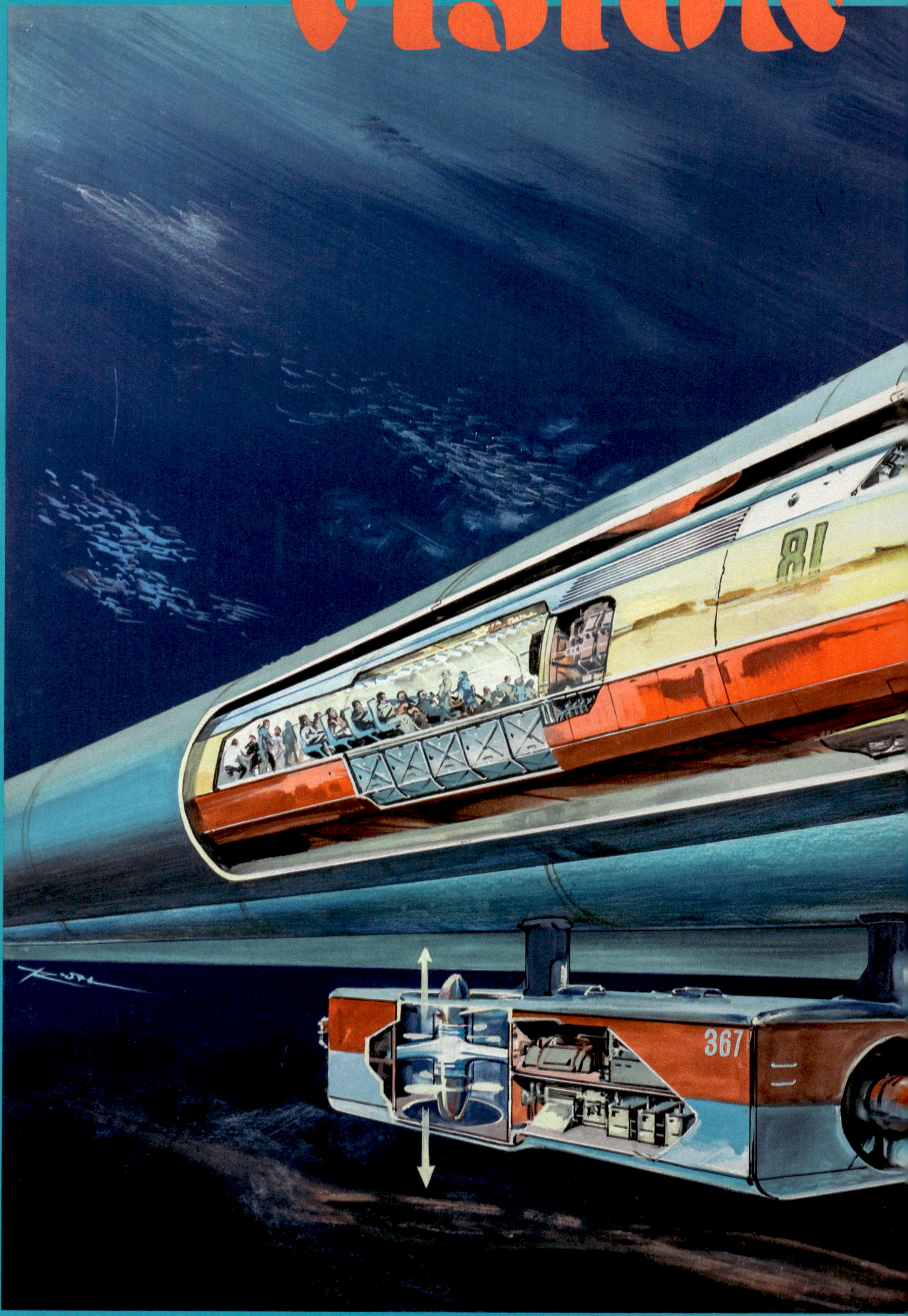

Raketenzüge im Ozean, Atominseln vor den Küsten, Megacitys unter Wasser: In den 1960er- und 1970er-Jahren glaubte die Menschheit,

IMPOSSIBLE

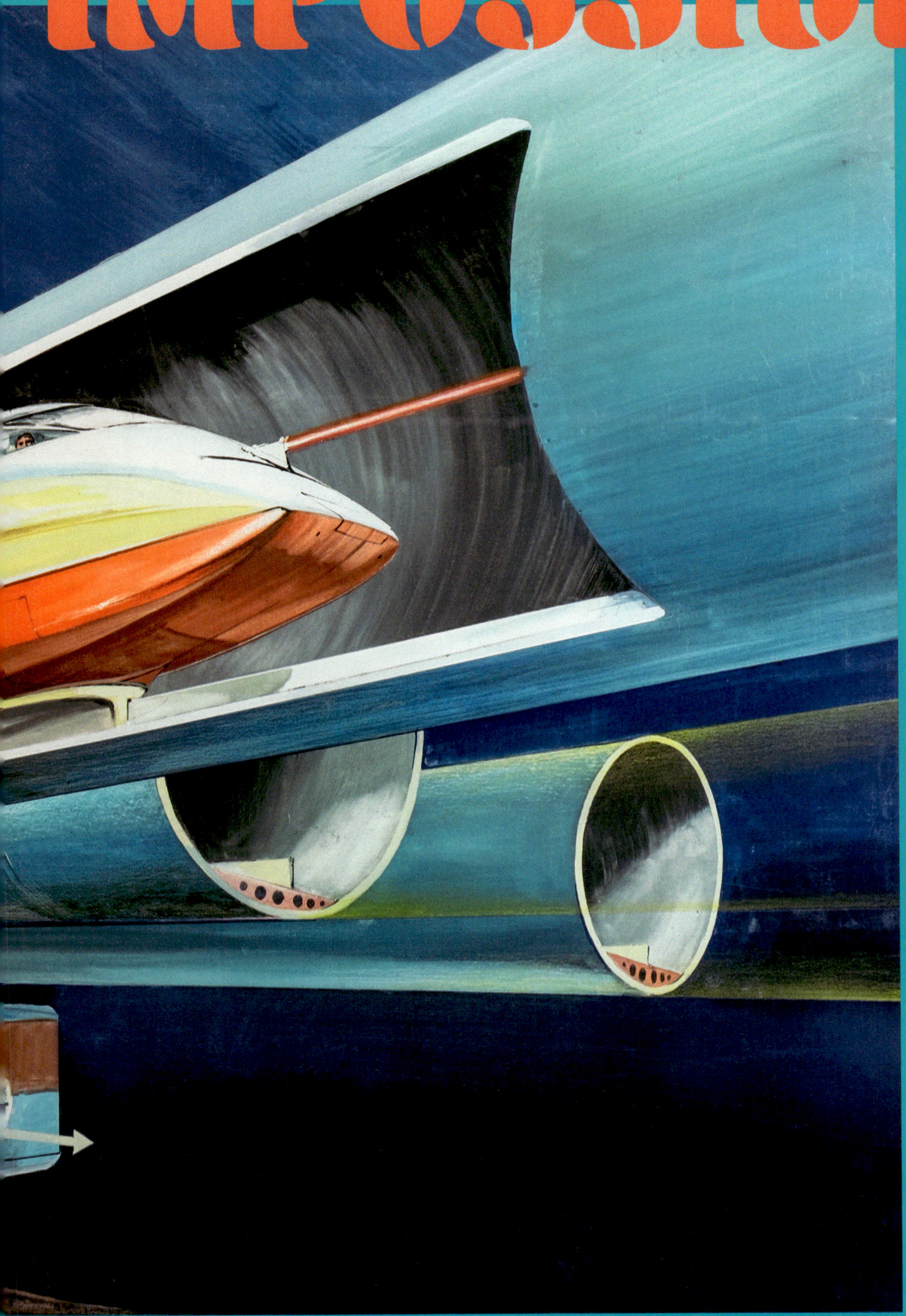

dass technisch alles möglich sei – auch die Eroberung der Meere. Was für ein Irrtum

AM 14. SEPTEMBER 1962 STARTET der französische Meeresforscher Jacques-Yves Cousteau sein erstes Conshelf-Projekt vor der Küste von Marseille. In einer fünf Meter langen, tonnenartigen Unterwasserstation leben und arbeiten in elf Meter Tiefe sieben Tage lang die beiden Aquanauten Albert Falco und Claude Wesly. Die Station trägt den Namen „Diogenes“ und wird von außen über Schläuche mit Druckluft, Strom und heißem Wasser versorgt.

Das Experiment birgt Risiken, aber es glückt. Schon im Juni 1963 lässt Cousteau das Projekt Conshelf II im Roten Meer folgen. Diesmal leben fünf Aquanauten vier Wochen lang in elf Meter Tiefe sowie zwei Männer eine Woche lang in 27 Meter Tiefe. Das Projekt besteht aus zwei Stationen, die bereits richtige Gebäude darstellen – inklusive einer Garage für ein Mini-U-Boot in Untertassenform.

Im September 1965 geht es mit Conshelf III und sechs Aquanauten vor der Küste Monacos weiter. Für Cousteau, der sich finanziell völlig verausgabt, ist das Experiment „einer der ersten Schritte bei der wirtschaftlichen Nutzung des Meeresbodens durch den Menschen“. Damit definiert er ein klares Ziel. Der Meeresboden soll besiedelt und wirtschaftlich erschlossen werden. Conshelf IV und V, größer und tiefer denn je, sollen bald folgen. Submarine Siedler, so seine Vorstellung, sollen Bergbau betreiben und Fisch- und Algenfarmen unterhalten. Cousteau ist allerdings nicht der einzige submarine Städteplaner. Zu seinen Konkurrenten zählt etwa der Amerikaner Edwin Albert Link, der 1964 damit beginnt, Unterwasserhabitate zu erproben.

Auch im Osten werden Cousteaus Forschungsprojekte verfolgt und als Herausforderung angesehen. Im Sommer 1965 installiert die Sowjetunion vor der Krim in 15 Meter Tiefe das für vier Aquanauten konzipierte Habitat Kitjesch. Im August 1966 folgt Ichthyander 66, wieder im Schwarzen Meer. Polen, die Tschechoslowakei, Rumänien und Bulgarien errichten ebenfalls submarine Habitate. Das größte, Tschernomor, wird von der UdSSR 1968 im Schwarzen Meer in 14 Meter Tiefe installiert. Es ist acht Meter lang und kann sechs Aquanauten für einen Monat beherbergen. In seinem Buch „Zukunft Weltmeer“, erschienen 1973 in Leipzig, bringt der DDR-Ingenieur Gottfried Kurze das Fernziel all dieser kostspieligen Projekte auf den Punkt: „Besiedlung der Ozeane“.

Am 14. Juli 1969, zwei Tage vor dem Start von „Apollo 11“ zum Mond, startet auch das von Jacques Piccard entworfene U-Boot „Ben Franklin“. Während die Saturn-V-Rakete in Cape Canaveral abhebt, sticht Piccard rund 220 Kilometer südlich in West Palm Beach in See. Der Schweizer Meeresforscher lässt sich mit weiteren fünf Teilnehmern vom Golfstrom treiben, um dessen Tiefenströmung besser zu verstehen. Das Forschungs-U-Boot hat er nicht von einer Werft bauen lassen, sondern vom Luft- und Raumfahrtunternehmen Grumman Aerospace Corporation. Diese Wahl ist kein Zufall, ebenso wenig die enge Zusammenarbeit mit der Nasa. Es geht nämlich nicht nur um den Golfstrom,

Lesen Sie bitte weiter auf Seite 114

Vorherige Doppelseite **Durch den Atlantik, so die Vision, rast ein Raketenzug in nur einer Stunde von London nach New York**

Linke Seite **Künstliche Atominseln auf dem Meer sollten nicht nur Energie liefern, sondern auch als Wohnraum dienen**

Oben **Leben und Arbeiten in riesigen Kugeln – so stellten sich Ingenieure die Ölförderung unter Wasser vor**

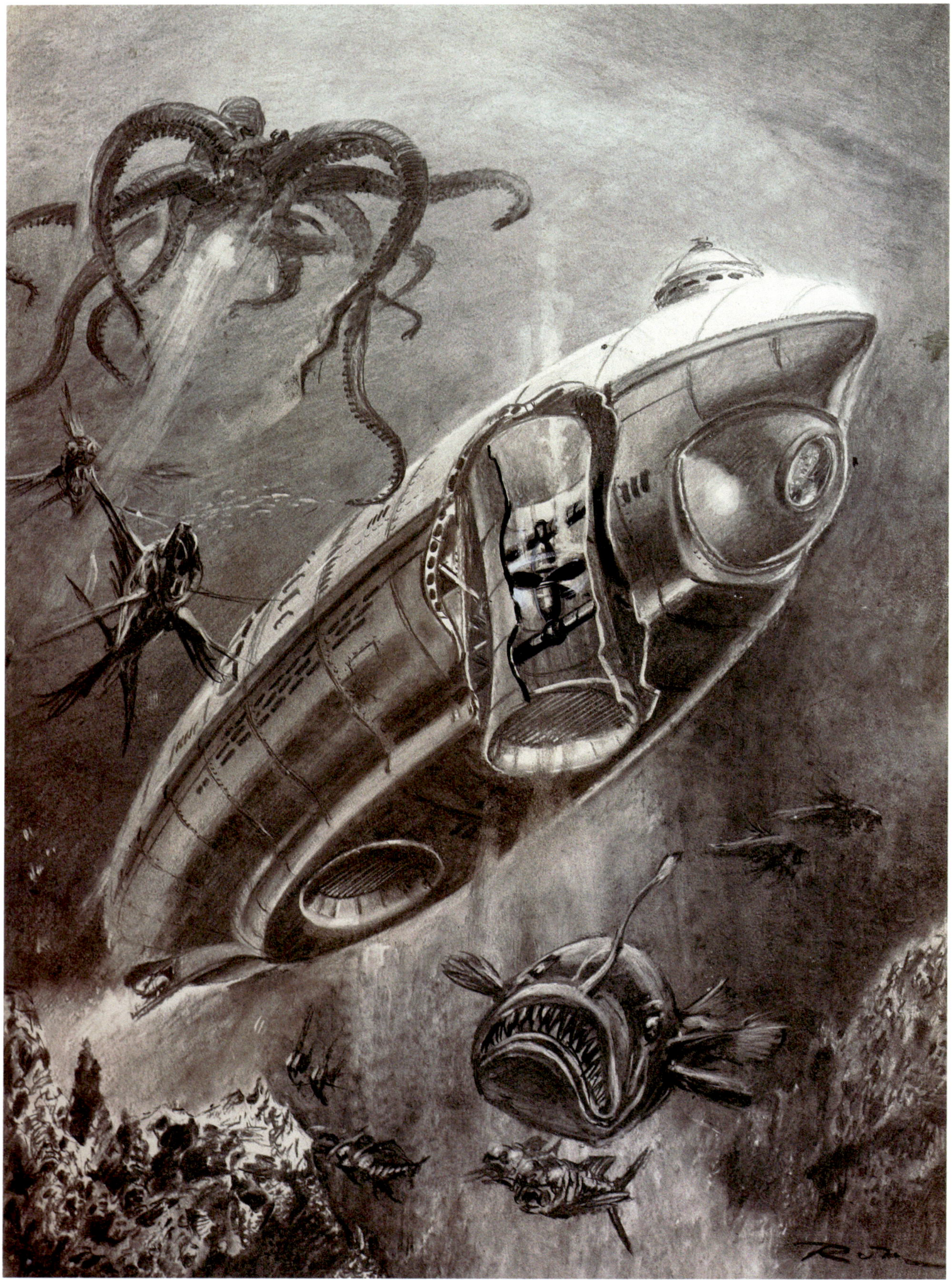

Ein Tiefseehubschrauber, der bis zu
7000 Meter tief tauchen kann

GÜNTER RADTKE

DER ZEICHNER DER ZUKUNFT

Günter Radtke in seinem Atelier

WARUM SOLLTE MAN IM ZEITALTER DER FOTOGRAfie und des Films auf Kohle- und Bleistiftzeichnungen zurückgreifen? Zumal, wenn es sich um wichtige journalistische Inhalte handelt? Günter Radtke hat solche Fragen mühelos beantworten können. „Ich wollte immer das zeichnen, was man nicht fotografieren kann." Und genau das hat ihn berühmt gemacht: die Bilder vom Baader-Meinhof-Prozess, vom Grubenunglück von Lengede, vom Untergang der „Pamir", von der Saturn-Rakete, die er auswendig zeichnen musste, da Kameras und Stifte bei der Präsentation der Nasa verboten waren. Andreas Baader und Ulrike Meinhof zeichnete er, da im Gericht Blöcke nicht erlaubt waren, einfach auf seine Hemdmanschette.

Es war ein abenteuerliches Leben, das nicht jeder bei einem Pressezeichner und Illustrator vermuten würde. Günter Radtke wurde am 27. Februar 1920 im ostpreußischen Insterburg geboren und zog 1930 mit seinen Eltern nach Berlin. Da war sein zeichnerisches Talent längst erkannt, das später zum Besuch einer Kunsthochschule führte. Er heiratete früh und bekam eine Tochter. Kurz vor Kriegsende zogen die Radtkes zu Verwandten in Uetze, in der Nähe von Hannover. Dort arbeitete Radtke zunächst als freier Künstler. In Hannover lernte er zufällig Henri Nannen kennen, mit dem er sich gut verstand. Der Kunsthistoriker und Journalist hatte kurz zuvor von einem britischen Offizier die Lizenz für eine Jugendzeitschrift erhalten.

Nannen modelte das Blatt in das Magazin „Stern" um, und Radtke wurde Mitgründer und Cheflayouter. Als erste Zeichnung erschien 1948 „Der Griff nach dem Mond". Von nun an wurden technische Visionen zu seinen zentralen Motiven. Immer wieder befasste er sich mit dem Möglichkeitsraum des Space Age und zeichnete futuristische Megastädte, Unterwassertankstellen für Schiffe, Lufttaxis und Raumschiffe aller Art. Die Ideen stammten meist von Wissenschaftlern und Ingenieuren, die Radtke in realistische Zeichnungen übertrug, womit er sich den Beinamen „visionärer Realist" einhandelte.

Er illustrierte Romane und für andere Magazine, darunter mare, das 2003 auch einen Bericht über ihn veröffentlichte (mare No. 38). Im Mittelpunkt standen dabei seine Ambitionen als Schwimmer, der täglich in seinem Becken zusammen mit seiner Frau einen Kilometer absolvierte.

50 Jahre blieb Radtke beim „Stern" und wurde zum renommiertesten Pressezeichner der Bundesrepublik. Leider sind viele Zeichnungen nicht mehr vorhanden. Nur rund ein Drittel hat die Zeit überdauert und befindet sich nun im gemeinnützigen Archiv Zeitlupe in Ahrensburg.

Radtke wurde ein Chronist des Space Age und dessen Visionen. Mit Henri Nannen blieb er sein Leben lang befreundet. Der Zeichner überlebte den Verleger um gut zwei Jahrzehnte und starb am 3. Januar 2018 in Hamburg. *Bernd Flessner* sondern auch darum, Erfahrungen in Langzeitmissionen zu sammeln – unter Wasser wie im All. Das Leben an Bord eines U-Boots unterscheidet sich nur marginal von dem an Bord eines Raumschiffs.

Als die „Ben Franklin" nach 30 Tagen wieder auftaucht, erhält Piccard Besuch vom berühmten Raketeningenieur Wernher von Braun höchstpersönlich. Beide Männer sprechen dieselbe Sprache, auch wenn der eine zum Mars will, der andere zum Meeresboden. Astronauten und Aquanauten gehören im Space Age derselben Berufsgruppe an.

Von den Raumfahrtpionieren Wernher von Braun, Konstantin Ziolkowski, Hermann Oberth oder Robert Goddard ist bekannt, dass sie ihre Inspiration der Science-Fiction verdanken. Als Jugendliche haben sie Jules Verne und Herbert George Wells gelesen, deren Visionen sie unbedingt realisieren wollen. Die von der Science-Fiction entwickelten Zukunftsbilder, das belegen mittlerweile viele Studien, liefern uns nicht nur greifbare Vorstellungen von der Zukunft. Sie prägen auch Ziele von Wissenschaftlern und Ingenieuren.

Auch die Idee, den Meeresboden nicht nur zu erforschen, sondern gleich auch zu besiedeln und umfassend ökonomisch zu nutzen, geht auf Zukunftsbilder aus der Science-Fiction zurück. Am Anfang steht wiederum Jules Verne, dessen Roman „20 000 Meilen unter dem Meer" 1869 die Perspektive eröffnet, das Leben nahezu vollständig ins Meer zu verlagern. „Das Meer befriedigt meine Bedürfnisse vollkommen", versichert Kapitän Nemo seinem Gast, Professor Aronnax. „Das Meer, diese üppige Nährmutter, schenkt mir nicht nur Nahrung, sondern auch Kleidung." Was auch immer an Bord der „Nautilus" benötigt wird, Nemo gewinnt es aus dem Meer oder vom Meeresboden.

Andere Autoren bauen auf Vernes Roman auf und verlegen ihre Handlungsorte ins Meer, wie der Rumäne Felix Aderca. Sein Roman „Die Unterwasserstädte" entsteht 1936 und wird ein großer Erfolg. Dank der langsamen Abkühlung der Sonne ist gleich die gesamte Menschheit auf den Meeresboden gezogen, der dank vulkanischer Aktivitäten ein sicherer und warmer Ort ist. Riesige Kuppelkonstruktionen sorgen für Bewegungsfreiheit.

Von dem Breslauer Autor Wolf Detlef Rohr stammt der Roman „Die gläserne Stadt", erschienen 1951, dessen Handlungsort eine Kuppelstadt auf dem Meeresboden ist. Hitchkin, der Architekt, erläutert: „Die Unterwasserstadt I wird aus einem sich nach oben zu verjüngenden Gebäudekomplex bestehen, der rund zehntausend Wohnungen, Vergnügungsstätten, Hotels und Geschäfte enthalten wird." Die Graphic Novel entdeckt ebenfalls die Unterwasserstadt, etwa in dem Spirou-und-Fantasio-Comic „Tiefenrausch" von 1960, den André Franquin zeichnet. Die submarine Stadt, geschützt durch eine riesige Kuppel, ist hier der Rückzugsort einer Elite.

Die von der Science-Fiction entwickelten Zukunftsbilder geben die Ziele vor, denen die Wissenschaft nach dem Ende des Zweiten Weltkriegs Machbarkeit attestieren. Und das nicht ohne Grund. Denn plötzlich gibt es ja Raketen, die den Weltraum erreichen, Computer und Atomenergie. Für einen Zeitraum, der etwa bis 1972 reicht, scheint fast alles möglich zu sein. Gleich drei Namen werden bemüht, um diesen Zeitraum zur Epoche zu erheben: Space Age, Atomic Age und Information Age. Der deutsche Philosoph Odo Marquard sprach daher zu Recht vom „Zeitalter der Vielnamigkeit". Diesem Zeitalter hätte ein weiterer Name gut gestanden, nämlich Age of Marine Exploration, denn die marinen und submarinen Projekte sind für diese Epoche ebenso prägend.

Die neuen Technologien, auf die sich die Epochenbezeichnungen beziehen, stehen dabei in keinerlei Konkurrenz zueinander. Vielmehr verleiht deren Gleichzeitigkeit dem Technikoptimismus jener Zeit eine geradezu euphorische Dimension. Die Technik wird zum Garanten einer paradiesischen Zukunft. Wer also die geeignete Technik beherrscht, der beherrscht auch die Natur, die Welt und das All und sichert zugleich den Wohlstand. Daher ist der Wettlauf der Systeme zwischen Ost und West nicht nur ein technischer Wettlauf, sondern auch einer der technischen Utopien.

Hinzu kommt noch der Wettlauf der Generationen. Während große Teile der alten Forschergarde die neue Machbarkeit vehement bestreiten, setzt die junge Generation genau darauf. Ein gutes Bespiel ist wie immer die Raumfahrt. Nach dem Start von „Sputnik-1" im Oktober 1957 warnt der renommierte britische Astronom Sir Harold Spencer Jones in Zeitungsbeiträgen vor falschen Erwartungen: „Ich bin der Meinung, dass Generationen vergehen werden, bevor ein Mensch jemals auf dem Mond landet." Ihm pflichtet der amerikanische Physiker Lee DeForest bei, der der Öffentlichkeit versichert, „dass eine solche menschengemachte Mondreise ungeachtet aller zukünftigen wissenschaftlichen Fortschritte niemals stattfinden wird".

Doch die Stimme der Alten verliert an Gewicht, denn immer mehr Visionen werden zur Realität. Es sind vor allem diese Gegenbeweise, die den Zukunftsoptimismus permanent befeuern. Am 23. Januar 1960 erreichen Jacques Piccard und Don Walsh den Grund des Challengertiefs im Marianengraben und somit eine Tiefe von 10 916 Metern; am 12. April 1961 fliegt der Russe Juri Gagarin als erster Mensch in den Orbit; dem Südafrikaner Christiaan Barnard gelingt 1967 die erste Herztransplantation. Ein Rekord jagt den nächsten. So gut wie alles scheint zu gelingen.

Mitverantwortlich für den ungebremsten Machbarkeitsoptimismus sind nicht zuletzt populäre Technikmagazine, in den USA vor allem die Zeitschriften „Popular Mechanics" und „Popular Science", deren Coverillustrationen fliegende Autos, fliegende Schiffe, Roboter und Raumschiffe aller Art anpreisen, als stünde deren Realisierung unmittelbar bevor. In der Bundesrepublik widmen sich insbesondere das „Hobby"-Magazin und die jährlich erscheinende Jugendbuchreihe „Das neue Universum" den Hochglanz-Zukünften.

Auch Zeitschriften wie der „Stern" präsentieren futuristische Hightechstädte, verbunden durch flugzeugschnelle Superzüge, die elegant durch Röhren gleiten. Im Orbit kreisende Raumstationen gehören ebenso zum Programm wie riesige künstliche Inseln, die als Verkehrsknotenpunkte dienen. Auf dem Meeresboden werden von großen Unterseebasen aus Bodenschätze abgebaut, auch der Zugang zu Erzlagern in der Antarktis wird mit neuartigen Maschinen regelrecht erzwungen.

Zukunftsbilder liefern im Space Age also nicht nur Autoren und Filmregisseure. Gern übersehen wird der Beitrag von Zeichnern und Illustratoren, die für Magazine und Verlage Visionen in Bilder verwandeln. In den USA werden Frank

Unterwasserfarm der Zukunft – so stellte man sich 1974 künstliche Futterplätze für Zuchtfische vor

Offshore-Windpark mit 34 Rotoren je Mast – eine Radtke-Illustration für mare aus dem Jahr 2001

R. Paul und Chesley Bonestell zu Stars der Szene. In der Bundesrepublik sind es vor allem der Grafiker Klaus Bürgle und der Zeichner Günter Radtke (Seite 113), in der DDR die Illustratoren Roland Jäger und Adelhelm Dietzel.

Während Bürgle, Jäger und Dietzel vorwiegend als Illustratoren für Bücher arbeiten, ist Radtke über 50 Jahre lang Chefillustrator beim „Stern“, den er zusammen mit seinem Freund Henri Nannen gründet. Er zeichnet auch für „Das neue Universum“, „Geo“ und mare. Außerdem illustriert er den Band „Zukunft. Das Bild der Welt von morgen“, veröffentlicht 1974 von Ulrich Schippke. Hier finden sich auch Zeichnungen von Atominseln und submarinen Städten.

Im Space Age dominiert zwar das All. Das Meer belegt jedoch, gleichauf mit der Stadt, den zweiten Platz, wobei das Meer weitaus mehr zu bieten hat. Während bei Städtevisionen gigantische Dimensionen im Vordergrund stehen, strotzen die marinen Visionen nur so vor Innovationen. Ein Beispiel liefert das US-Kernforschungszentrum Oak Ridge National Laboratory, das die Energieversorgung der Welt, atomar natürlich, aufs Meer verlagert. Mit nicht weniger als 24 000 Reaktoren will die renommierte Forschungseinrichtung das Energieproblem des Planeten für alle Zeit lösen. Errichtet werden sollen die Anlagen, so sieht es der in den 1960er-Jahren entwickelte Plan vor, auf 3000 künstlichen Inseln vor den Küsten rund um den Globus. Die schwimmenden Reaktoren sollen zugleich als Wohnraum dienen, Wärme und Energie sind kostenlos. Schöner wohnen im Atomic Age.

Nicht weniger ambitioniert sind die Projekte der Sowjetunion, etwa ein 1000 Tonnen schweres Bodeneffektfahrzeug, das über dem Wasser schwebt. Grundlage ist das als KM oder Kaspisches Seemonster bekannt gewordene und 1966 erprobte militärische Modell. Die zivile Version soll von acht Düsenaggregaten und zwei Raketenmotoren angetrieben werden, die es auf 740 Kilometer in der Stunde beschleunigen. Ergänzt werden soll die Flotte durch riesige, transozeanische Luftkissenschiffe, die Tausende Autos oder Container an Bord nehmen können.

Den Transport von Erdöl und anderen Rohstoffen übernehmen gigantische Fracht-U-Boote und U-Boot-Tanker, die auch das arktische Eis unter Wasser passieren können. Die futuristischen Schiffe werden zudem benötigt, um schwimmende Städte zu versorgen oder aus dem Meer gewonnene Rohstoffe und dort hergestellte Industrieprodukte zu transportieren. Bis es so weit ist, versprechen die Visionäre aus Ost und West, vergehen allenfalls „ein paar Jahrzehnte“. Die Zukunft der Menschheit liegt jedenfalls im und auf dem Meer.

Doch Anfang der 1970er-Jahre verblassen die Visionen. Nach der letzten bemannten Mondlandung 1972 ist das Space Race entschieden, die Eroberung des Alls ist vorerst abgesagt. Jacques Cousteau kann weder Conshelf IV noch V realisieren, schon allein aus finanziellen Gründen. Er hat jedoch auch technische Grenzen erreicht, die sich nicht überwinden lassen, nicht einmal mit großem materiellem Aufwand. Außerdem hat er die Belastbarkeit der Aquanauten unterschätzt. Der Traum einer Besiedlung des Meers platzt in Ost und in West und erscheint rückblickend als völlig illusorisch. Ebenso ergeht es den künstlichen Atominseln, fliegenden Schiffen, schwimmenden und submarinen Städten. Sie erweisen sich allesamt als Phantasmagorien, die ihre Entstehung der Hybris technikverliebter Pioniere zu verdanken haben.

Diese primär männlichen Pioniere sind Opfer ihrer Interpretation jener Zukunftsbilder geworden, die Autoren, Regisseure und Zeichner mit viel Fantasie erdacht haben. Der ebenso glühende wie naive Zukunftsoptimismus weicht nach und nach einer umfassenden Ernüchterung, die forciert wird durch die Studie „Die Grenzen des Wachstums“, 1972 herausgegeben vom Club of Rome. Das Pendel des Zeitgeists schlägt nun in die entgegengesetzte Richtung aus und rückt die vielfältigen Gefahren des technischen Fortschritts in den Mittelpunkt.

Statt den Meeresboden zu besiedeln und auszubeuten, demonstriert die 1971 gegründete Umweltschutzorganisation Greenpeace gegen Atomwaffentests, Walfang und Überfischung. Die zunehmende Umweltverschmutzung, Tankerhavarien, Widerstand gegen den Bau von Atomanlagen und militärische Aufrüstung prägen nun die Diskurse. Das Space Age und das Age of Marine Exploration klingen aus.

Mit der Vergangenheit der Zukunft beschäftigt sich Autor Bernd Flessner, Jahrgang 1957, praktisch täglich – er ist Zukunftsforscher an der Friedrich-Alexander-Universität Erlangen-Nürnberg.
Günter Radtke (1920–2018) war der wichtigste Zeichner von Zukunftsvisionen in der Bundesrepublik.

52 SEITEN KULTUR

DER mare WOCHENKALENDER

mare Kulturkalender 2023
Wochenkalender, 56 Blätter
Format 24 mal 32 Zentimeter
22 € [D/A]
ISBN 978-3-86648-699-7
www.mare.de

mare

mareRadio

Jeden ersten Sonntag im Monat auf Bremen Zwei

OST UND WEST

Samstag, 29. Oktober, 18.05 Uhr, Bremen Zwei (Wiederholung vom 2. Oktober)

Kurz vor dem Tag der deutschen Einheit erzählt mareRadio, wie das Meer Ost und West verbunden hat – als Fluchtroute, Sehnsuchtsort und gemeinsam genutzter Wirtschaftsraum. Im legendären „Gastmahl des Meeres" erfahren wir mehr über die (kulinarische) Beziehung der Ostdeutschen zur See. Und wir fragen nach, warum ausgerechnet die DDR einst zur Weltspitze im Motorbootsport gehörte.

Moderation: Nikolas Golsch; Redaktion: Claudia Scholz, Nikolas Golsch.

SCHOTTLAND

Sonntag, 6. November, 12.05 Uhr, Bremen Zwei

Seegras fressende Schafe, die ihr Leben nach den Gezeiten ausrichten – das gibt es nur auf North Ronaldsay, einer der Orkney-Inseln. mareRadio besucht die eigenwilligen Meerschafe und taucht ein in die maritime Seele Schottlands. Den Brexit haben die Schotten mehrheitlich nicht gewollt – seine Folgen müssen sie trotzdem mittragen. Wie hat sich die Situation der Fischer seitdem verändert? Und wie stehen sie zu einem neuen Unabhängigkeitsreferendum? mareRadio fragt nach und lässt Captain Cook eine original Cullen Skink auftischen, *die* schottische Suppe aus kalt geräuchertem Schellfisch, Kartoffeln und Zwiebeln.

Moderation: Nikolas Golsch; Redaktion: Claudia Scholz, Nikolas Golsch

Termine

Liebe Leserinnen, liebe Leser,

zum Redaktionsschluss dieser Ausgabe waren alle aufgeführten Veranstaltungen als von Coronaregeln weitgehend uneingeschränkt angekündigt. Dennoch bitten wir Sie, sich auf den Websites der Veranstalter rechtzeitig über eventuelle Änderungen zu informieren. *Die Red.*

AHRENSHOOP

Der „König" vom Fischland. Peter E. und die Kunst

Ausstellung mit Werken der Sammlung Peter E. Erichson (1881–1963), legendärer Inhaber des Hinstorff-Verlags. In seinem Ahrenshooper Sommerhaus war er als „König von Ahrenshoop" ab den 1920ern bedeutender Kunstmäzen und geistiger Anreger. Bis 26.3.2023, Di–So 10–17 Uhr, Kunstmuseum. www.kunstmuseum-ahrenshoop.de

ALKERSUM / FÖHR

Provenienzgeschichten

Ausstellung zum Thema Provenienzrecherche, die die Herkunftsgeschichte von Gemälden der Sammlung nachzeichnet und einen Blick hinter die Kulissen der Museumsarbeit gewährt. Wie sieht die Rückseite der Werke aus, welche Informationen tauchen bei der Überprüfung eines Bilds auf, welche Quellen stehen zur Klärung zur Verfügung? Das Spektrum reicht von Johan Christian Clausen Dahl bis Peder Severin Krøyer, im Fokus steht Max Liebermann. Bis 19.3.2023, Di–So 10–17, ab 1.11. Di–So 11–16 Uhr, Museum Kunst der Westküste. www.mkdw.de

Wir freuen uns über Ihre Veranstaltungshinweise:
mare-Termine
Wiebke Böse
Sandthorquaihof, Pickhuben 2
20457 Hamburg
Fax: 040/369 859 99
E-Mail: termine@mare.de
Redaktionsschluss der nächsten Ausgabe: 31. Oktober

BONN

Max Ernst und die Natur als Erfindung

Die Ausstellung untersucht Ernsts Werk als Entwurf einer alternativen Naturgeschichte im Kontext der Kunst seiner Zeit bis in die Gegenwart und zeigt neben Arbeiten von Ernst Gemälde, Zeichnungen, Druckgrafik, Bücher und Fotografien von Hans Arp und Paul Klee, Rebecca Horn und Thomas Ruff. 13.10.2022–22.1.2023, Di–So 11–18, Mi 11–21 Uhr, Kunstmuseum Bonn. www.kunstmuseum-bonn.de

CUXHAVEN

Stachelfisch und Tintenschwein. Tiere in der Malerei und Lyrik von Joachim Ringelnatz

Ausstellung. Unzählige (Meeres-)Tiere bewohnen die Menagerie von Ringelnatz' Gedichten, autobiografischen Texten und Gemälden: große und kleine, exotische oder heimische, reale und Fantasiewesen. 4.–15.10., Di–So 10–13 und 14–17 Uhr, Joachim-Ringelnatz-Museum. www.ringelnatzmuseum.de

HAMBURG

Phantasma Arktika. Fotografie vom nördlichen Ende der Welt

Vor 100 Jahren begannen Polarforscherinnen und -forscher den Nördlichen Seeweg zu erforschen. Sie überwinterten auf Stationen am Arktischen Ozean, um Daten für Wetterprognosen ans Festland zu funken. Fotografien von Antje Kakuschke und Barbara Schennerlein zeigen Relikte dieses Wirkens, die bald im Permafrostboden versunken sein werden. Ausstellung bis 25.11.2022, täglich 10–18 Uhr. Am 15.10. findet ab 13 Uhr der „Polartag" mit Infos, Vorträgen und Filmvorführung statt. Museumsschiff Cap San Diego, Landungsbrücken. www.capsandiego.de

175 Jahre Hapag-Lloyd

Von der Gründung der „Hamburg-Amerikanischen Packetfahrt-Actien-Gesellschaft" 1847 über die Auswandererschifffahrt nach New York seit 1857 und die Ära des legendären Reeders Albert

Ballin, der die Hapag zur Jahrhundertwende zum Weltmarktführer machte, bis zum Neubeginn als Fracht- und Kreuzfahrtunternehmen nach 1945: Die Sonderausstellung der größten deutschen Reederei lädt zu einer spannenden Reise durch ihre lange Geschichte und präsentiert die Highlights ihres Wirkens. Verlängert bis 5.2.2023, täglich 10–18 Uhr, Internationales Maritimes Museum. www.imm-hamburg.de

KOPENHAGEN (DNK)

Karl Troels Sandegård: The High Seas of Your Intrinsic Ocean

Sandegårds bildhauerische Arbeit basiert auf der Idee des Wassers als Bote, Treibstoff oder Vehikel, das Informationen an den Organismus weitergibt. Die Skulpturen der Schau bilden eine Rückschau auf seine Auseinandersetzung mit dem Thema. Bis 23.10., Mi–So 11–18 Uhr, Copenhagen Contemporary. www.copenhagencontemporary.org

ROSTOCK

Geheimnis Tiefsee

Die Sonderausstellung zeigt spannende Geschichten und Objekte rund um die Entdeckung der Tiefsee durch den Menschen: erstaunliche Geschöpfe ebenso wie abenteuerliche Expeditionsberichte, dazu eine interaktive Station zu modernen Forschungstechniken. Bis 7.5.2023, Di–So 11–16 Uhr, Schifffahrtsmuseum. www.schifffahrtsmuseum-rostock.de

STOCKHOLM (SWE)

Die Arktis – während das Eis schmilzt

Die Arktis, Heimat von vier Millionen Menschen, steht vor Herausforderungen, die uns alle betreffen. Die Ausstellung zeigt ihren Alltag in einer sich dramatisch verändernden Landschaft, interpretiert von dem Künstler- und Designduo Museea.
Bis 31.12., täglich 10–17 Uhr, Nordiska Museet. www.nordiskamuseet.se

HAMBURG

Impressionismus. Deutsch-französische Begegnungen

Mit der Präsentation von Werken französischer und deutscher Impressionistinnen und Impressionisten zeigt die Kunsthalle einen frischen Blick auf eine prägende Kunstrichtung der Moderne als europäisches Phänomen. Hauptwerke u. a. von Max Liebermann, Lovis Corinth und Max Slevogt, dem „Dreigestirn des deutschen Impressionismus“, treffen auf französische Ikonen wie Édouard Manet, Auguste Renoir und Claude Monet (im Bild: Pierre Bonnards „Lampionkorso auf der Außenalster“, 1913).
Die Schau veranschaulicht mit gegenübergestellten Exponaten, wie die französischen Impulse in Deutschland aufgegriffen und produktiv weiterverarbeitet wurden. Sehr sehenswert!
Bis 31. Dezember 2023, Di–So 10–18, Do 10–21 Uhr, Kunsthalle. www.hamburger-kunsthalle.de

mare TV

Jeden ersten und dritten Donnerstag im Monat im NDR Fernsehen

DIE LIPARISCHEN INSELN

6. Oktober, 20.15 Uhr, NDR Fernsehen

DIE VESTERÅLEN

NORWEGENS FANTASTISCHE INSELN

20. Oktober, 20.15 Uhr, NDR Fernsehen

Sie gelten als „die kleinen Schwestern der Lofoten“. Dabei sind die Vesterålen viel größer als ihre legendären Nachbarinseln, weitläufiger, lieblicher und landschaftlich genauso spektakulär – mit imposanten Bergen, karibisch weißen Stränden, wilder Natur. Im Sommer Mitternachtssonne, im Winter Polarlicht. Das einsame Leben auf eigener Leuchtturminsel, flauschige Papageitaucherküken oder Kaffee mit Rentieraroma nach samischer Tradition: Die Bewohner der Vesterålen finden ihre Heimat rundum „fantastisk“.

COSTA BLANCA – SPANIENS WEISSE KÜSTE

3. November, 20.15 Uhr, NDR Fernsehen

DER RING OF KERRY – IRLANDS SÜDWESTEN

17. November, 20.15 Uhr, NDR Fernsehen

Ausguck – *Neues aus der Meeresforschung*

Universitäten Gießen und Stuttgart

Zur Hautpflege ins Korallenriff

Delfine reiben sich regelmäßig an Korallen und Schwämmen, um ihre Haut zu pflegen. Zu diesem Schluss kommt die Studie eines deutsch-schweizerischen Forscherteams, die im Fachmagazin „iScience“ erschienen ist. Die Experten fanden heraus, dass Indopazifische Große Tümmler, eine Delfinart, die im Roten Meer heimisch ist, ganz bestimmte Korallen- und Schwammarten aufsuchen, die Substanzen mit Hautpflegeeffekt enthalten. In einem Kooperationsprojekt mit den Universitäten Gießen und Stuttgart wurden nun Proben aus den bevorzugten Korallen- und Schwammarten chemisch analysiert. „Die betreffenden Korallen und Schwämme enthielten 17 bioaktive Substanzen, die positiv auf die Haut wirken können“, sagt Gertrud Morlock, Chemikerin an der Universität Gießen. Viele der Substanzen wirkten antibakteriell und antioxidativ, was die Heilung von Wunden begünstigt. Vor allem in der Lederkoralle fand Morlock hormonell wirkende Stoffe, die förderlich sind für die Hautelastizität. Die Lederkoralle enthält zudem toxische Stoffe, die gegen Parasitenbefall der Delfinhaut wirken. Dass sich die Tümmler regelmäßig an ausgesuchten Korallen reiben, hatte vor 13 Jahren erstmals die Wildtierbiologin Angela Ziltener von der Universität Zürich beobachtet. In den Riffen vor der ägyptischen Küste sah sie, wie die Tiere sich eins nach dem anderen zur Hautpflege begaben. Offenbar geben die Eltern dieses Verhalten an die Jungtiere weiter.

National Institute of Water and Atmospheric Research, Auckland

See voller Lebewesen im antarktischen Eis entdeckt

Tief im Eis der Antarktis haben neuseeländische Forscher einen großen Süßwassersee entdeckt. Der See liegt 500 Meter tief im Rossschelfeis in einer Höhle, die einer Kathedrale ähnelt. Sie ist rund 300 Meter breit, etwa 250 Meter hoch und mehrere Kilometer lang. Besonders überrascht hat die Forscher vom neuseeländischen National Institute of Water and Atmospheric Research (NIWA) und den Universitäten in Auckland und Wellington, dass es dort unten so viel Leben gibt – Millionen von etwa fünf Millimeter großen Flohkrebsen. „Erst dachten wir, dass mit unserer Kamera etwas nicht stimmt. Als die Kamera dann richtig fokussierte, bemerkten wir die Tiere“, sagt NIWA-Wissenschaftler Craig Stevens. Es sei gut möglich, dass sich dort im Eis ein ganz eigenes, bisher unbekanntes Ökosystem befinde. Schelfeise sind mächtige Eispanzer, die von den großen Festlandgletschern langsam ins Meer gleiten und teils auf dem Meeresboden aufliegen, teils schwimmen. Das Rossschelfeis ist das größte Schelfeisgebiet der Antarktis und bis zu 600 Meter dick. Vor Ort entschied sich das Team spontan, einige Instrumente im Wasser zu lassen, um das Leben in der Eishöhle weiter beobachten zu können.

Universität von Amsterdam

Schwämme niesen in Zeitlupe

Meeresschwämme niesen, um sich ihrer Abfallstoffe zu entledigen. Das ist das Ergebnis einer neuen Studie, die im Fachmagazin „Current Biology“ erschienen ist. Zur Nahrungsaufnahme saugen Schwämme durch ihr poröses Gewebe Wasser an und filtern dabei gelöste, nahrhafte organische Verbindungen. Unverdauliche Substanzen entfernen sie wieder – mithilfe von selbst produziertem Schleim. Wie dieser Abtransport im Detail funktioniert, war bislang unklar. Niklas Kornder von der Universität Amsterdam kam auf die Idee, die Oberfläche des Ofenrohrschwamms *Aplysina archeri* in hoher Auflösung im Zeitraffer zu filmen. Die Ergebnisse waren erstaunlich: Wider Erwarten wird der Schleim mit den Abfallstoffen nicht über die Ausströmöffnungen abgegeben, sondern über die Einströmöffnungen – wie bei einem Nasenloch. Und wie beim Menschen wird er durch eine Art Niesen hinausgeschleudert. Dabei kontrahiert die Schwammoberfläche und entspannt sich dann wieder. Laut Kornder dauert dieses Niesen allerdings etwa eine halbe Stunde. Wie der Forscher betont, ist der Schleim für viele andere Meeresbewohner eine wichtige Nahrungsquelle. Die Leistung der Schwämme bestehe vor allem darin, dass sie im Wasser gelöste Nahrung in feste Substanz umwandeln, die vielen anderen Meerestieren als Energiespender dienen.

Leibniz-Institut für Ostseeforschung Warnemünde

Plastikmengen in der Tiefsee berechnet

Plastikabfall im Meer zerfällt mit der Zeit und sinkt zum Meeresboden hinab. Wie viel von diesem Mikroplastik in die Tiefe gelangt, war bisher unbekannt. Forschern des Leibniz-Instituts für Ostseeforschung Warnemünde (IOW) ist es jetzt erstmals gelungen, die Abfallmengen genau zu quantifizieren. Dazu werteten sie Partikel aus einer sogenannten Sinkfalle aus. Sinkfallen fangen Teilchen ein, die in die Tiefe hinabrieseln – Reste von Algen, Staubpartikel oder auch Mikroplastik. Für ihre Studie analysierten sie Partikel, die von 2003 bis 2015 in 2000 Meter Tiefe unweit von Madeira gesammelt wurden. Das Ergebnis: Täglich gelangen ein bis 3000 Plastikpartikel pro Quadratmeter in die Tiefe. Hochgerechnet auf den gesamten Atlantik entspräche das einer Menge von bis zu 5,4 Millionen Tonnen im Jahr. „Allerdings verändern sich die Mengen von Region zu Region und mit den Jahreszeiten“, sagt IOW-Chemikerin Janika Reineccius, die mit ihrer Kollegin Joanna Waniek die Studie verfasst hat. Besonders viel Mikroplastik gelangt demnach im späten Frühjahr in die Tiefe, wenn große Mengen an pflanzlichem Plankton absinken.

»Der mare-Kalender zeigt magische Momente, Farben und Licht im Wechsel der Jahreszeiten. Die vielfältige und stets fesselnde Schönheit der Meere wird von bedeutenden Fotografen aus aller Welt künstlerisch dargestellt.«

Aus der Jurybegründung für den Gregor calendar award

Kalender Meeresblicke 2023
82 mal 58 Zentimeter
12 Fotografien
49 € [D/A]
ISBN 978-3-86648-700-0

mare

Welches Heft fehlt Ihnen noch?

**Alle unten gezeigten mare-Ausgaben sind in unserem Shop erhältlich.
Bestellen Sie einfach und schnell unter www.mare.de oder kontaktieren Sie uns
per Telefon +49/(0)8105/388-103 oder per Fax +49/(0)8105/388-210.
Die Hefte No. 1 bis 18 sowie 20, 21, 23, 25, 28, 30, 31, 32, 35, 67, 80, 83, 101 und 111 sind leider vergriffen.**

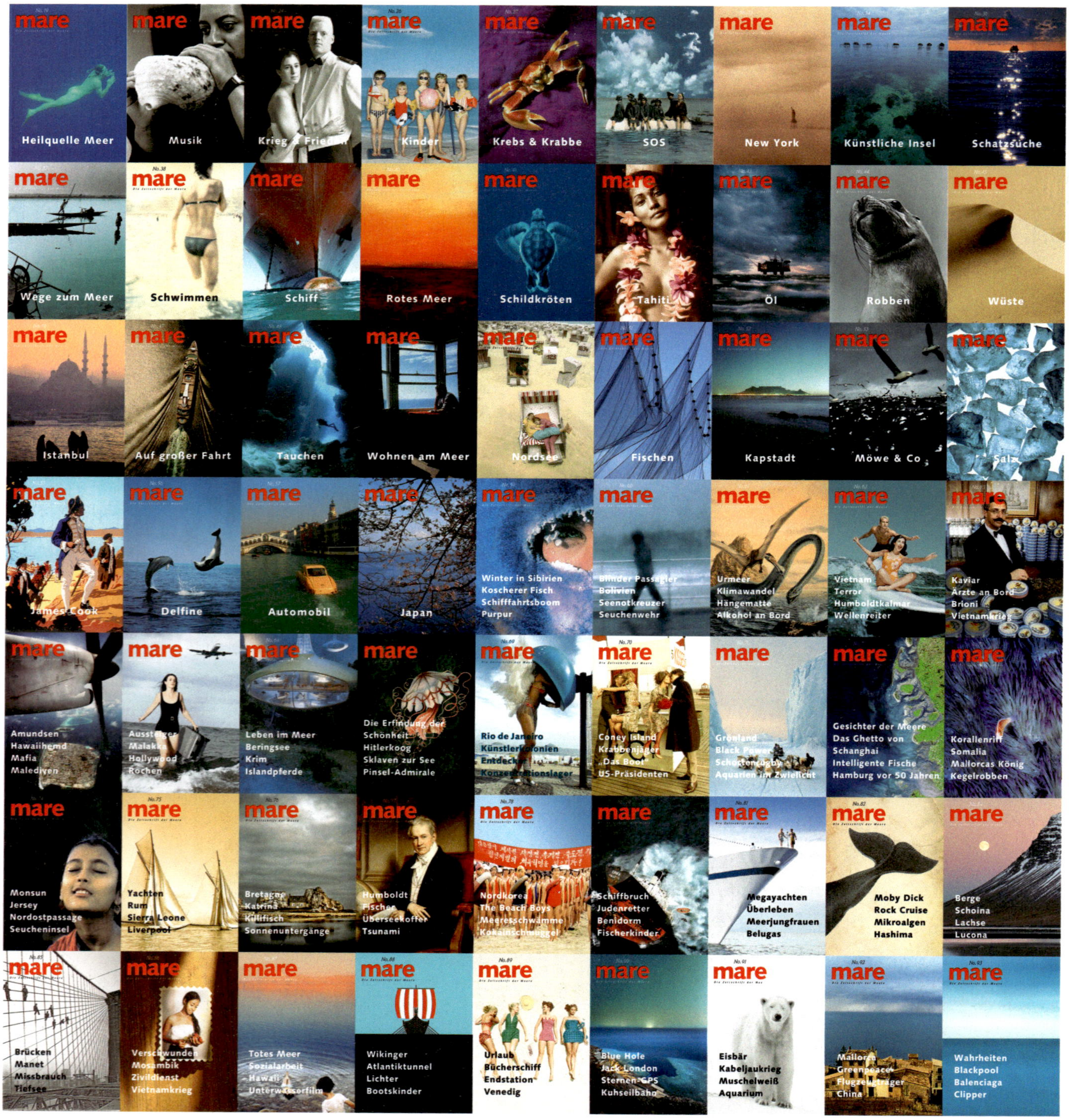

In unserem mareshop unter www.mare.de finden Sie nicht nur sämtliche mare-Hefte, -Bücher, -Kalender und -Bildbände, sondern auch passende Schuber, unsere beliebten Badetücher und viele weitere Produkte. Und wenn Sie vergriffene Hefte suchen oder Platz in Ihrem mare-Regal schaffen wollen, dann schalten Sie doch eine Gratisanzeige in unserem Hafenbasar oder handeln dort mit Ihren gebrauchten Heften.

Zum Beispiel:
mare-Sammelbox 18 €

Alle Preise zuzüglich Versandkosten (in D pauschal 3,50 €, EU 5 €, übrige Länder 7,50 €). Die Versandkosten entfallen, wenn der Bestellwert den Betrag von 25 € überschreitet (gilt nur für D und A). mare-Hefte sind, soweit nicht vergriffen, zum Preis von 7,50 € (ab No. 74: 8,50 €, ab No. 98: 9,50 €, ab No. 131: 12 €) erhältlich.

Aufatmen: Finnwalpopulationen in der Antarktis erholen sich

Meeresbiologie

Der Finnwal kehrt zurück

Laut einer neuen Studie erholen sich derzeit die Finnwalpopulationen in der Antarktis. Mit Drohnen, vom Schiff und vom Helikopter aus hatte ein Forscherteam der Universität Hamburg die Bestände systematisch untersucht. Die Wissenschaftler dokumentierten erstmals wieder größere Ansammlungen von fressenden Finnwalen, zweimal sogar Gruppen von bis zu 150 Tieren, wie sie im Fachmagazin „Scientific Reports" berichten. „Diese hohe Tierdichte und das Wiederauftreten sogenannter Fressaggregationen, die seit Beginn des Walfangs nicht mehr beobachtet wurden, deuten auf eine Populationserholung hin", sagt Helena Herr, Biologin am Centrum für Erdsystemforschung und Nachhaltigkeit der Universität Hamburg. Durch industriellen Walfang wurde der Finnwal in der Antarktis im 20. Jahrhundert nahezu ausgerottet – dezimiert auf circa ein bis zwei Prozent der ursprünglichen Population. 1986 wurde die Jagd verboten, doch die Tiere kehrten nur vereinzelt in ihre alten Nahrungsgebiete zurück. Ihre Rückkehr verbessert das gesamte Ökosystem mit einem Effekt, der „Whale Pump" genannt wird: Die Ausscheidungen der Finnwale führen zu mehr Nährstoffen in den oberen Wasserschichten, wovon Kleinstlebewesen profitieren. Herr: „Diese nehmen viel CO_2 auf und leisten so einen wichtigen Beitrag zum Abbau von Kohlenstoff in der Atmosphäre." *mz*

Luftfahrt

Schnurrhaare als Vorbild

Die Schnurrhaare der Seelöwen dienen möglicherweise bald als Vorbild für neue Technologien in der Luftfahrt. Künstliche Schnurrhaare, sogenannte bioinspirierte Whisker Arrays, können Strömungen messen und Störungen durch andere Flugzeuge oder Drohnen frühzeitig erkennen. Ein Forscherteam um den deutschen Ingenieur Christoph Brücker von der City University of London hat solche Whisker Arrays gebaut und spürte damit Quellen von Strömungsstörungen unter Wasser oder in der Luft auf. „Verhaltensforschung an lebenden Seelöwen hat gezeigt, dass sie in der Lage sind, die Richtung entgegenkommender Wirbel zu erkennen, selbst wenn sie kontralateral, also von entgegengesetzter Seite, auftreffen", schreiben die Forscher im Fachblatt „Scientific Reports". Daher seien zeitliche Unterschiede zwischen der Stimulation einzelner Whisker ein mögliches Verfahren zur Bestimmung des Winkels, so die Forscher. Für ihre Studie bauten sie einen speziellen Wassertank im Luftfahrttechniklabor der City University of London. Dort testeten sie Whisker Arrays auf verschiedene hydrodynamische Reize, in 2-D- und in 3-D-Anordnung, unter anderem auf dem Modellkopf eines Seelöwen. Die Quellenlokalisierung basiert auf dem Prinzip der Multilateration, also den Zeitunterschieden des Signals, das einzelne künstliche Schnurrhaare anregt. Außerdem statteten sie einen Tragflügel mit den Schnurrhaaren aus und testeten ein Verfahren, das die Luftströmung über einer Flugzeugtragfläche online überwachen kann. *mz*

Archäologie

Tiefstes Schiffswrack der Welt

In der Philippinischen See, in fast 7000 Meter Tiefe, hat der US-Investor und -Abenteurer Victor Vescovo ein Schiffswrack gefunden – das tiefste jemals entdeckte auf der Welt. Bei dem Wrack in 6895 Meter Tiefe handelt sich um die USS „Samuel B. Roberts", genannt „Sammy B.". Das Kriegsschiff war am 25. Oktober 1944 in einer Schlacht des Zweiten Weltkriegs vor der Insel Samar gesunken. Die Besatzung kämpfte damals gegen drei japanische Schlachtschiffe, darunter die „Yamato", eines der größten und am schwersten bewaffneten Schlachtschiffe, die je gebaut wurden. Der Mut des Navy-Kapitäns und seiner Mannschaft sei in der Marine legendär, sagte Vescovo dem US-Nachrichtensender CNN; er selbst ist Marineoffizier im Ruhestand. Die US-Soldaten seien ihren Gegnern weit unterlegen gewesen, ergänzte Vescovo im Gespräch mit der britischen BBC. „Aber selbst nachdem ihnen die Munition ausgegangen war, feuerten sie noch Rauchgranaten und Leuchtraketen ab, um die japanischen Schiffe in Brand zu setzen. Auf beiden Seiten kämpf-

6895 Meter tief: die „Sammy B."

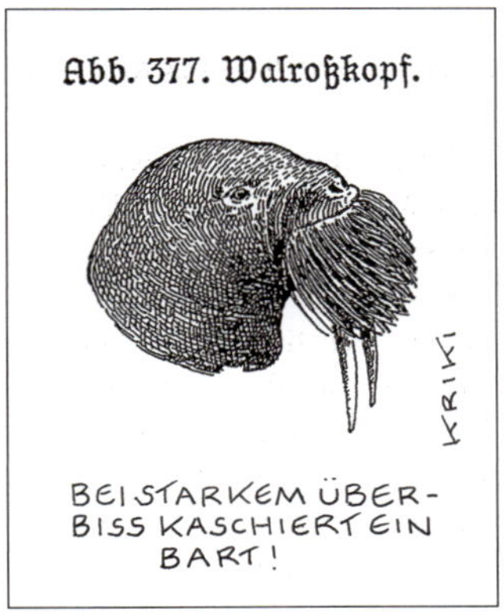

ten diese Männer bis zum Tod.“ Von 224 Besatzungsmitgliedern der „Sammy B.“ wurden 89 getötet, die Überlebenden harrten 50 Stunden lang in Rettungsinseln aus, bevor sie geborgen wurden. Er hoffe, so Vescovo, dass das Auffinden des Wracks den Familien der Gefallenen dabei helfen könne, einen Schlussstrich zu ziehen, und nun weitere Details der Schlacht ans Licht kommen. Victor Vescovo und ein Team des britischen Expeditionsunternehmens Eyos hatten in sechs Tauchgängen innerhalb von acht Tagen zunächst einen Torpedowerfer der „Sammy B.“ und am letzten Tag schließlich das Wrack gefunden. Damit übertraf Vescovo seinen eigenen Rekord. Das bislang tiefste identifizierte Wrack war die USS „Johnston“ in 6469 Meter Tiefe – auch dieses wurde von ihm entdeckt. Vescovo hat in seinem Leben bereits die höchsten Berge aller Kontinente bestiegen und die tiefsten Punkte der Weltmeere vermessen. *mz*

Leben

Friseure helfen den Meeren

Ein Friseurmeister und ein Unternehmensberater wollen abgeschnittene Haare in deutschen Friseursalons sammeln und daraus Filter herstellen – um Meere und Flüsse zu reinigen. „Haare besitzen die besondere Eigenschaft, viel Fett aufzusaugen und diese Funktion auch nach dem Schneiden nicht zu verlieren“, sagen Emidio Gaudioso, Friseurmeister in Bückeburg, und Thomas Keitel, Unternehmensberater nahe Würzburg. Haare eigneten sich deshalb als natürliches Reinigungsmittel, sie könnten Öl, Benzin und Sonnenmilchreste aus Gewässern aufnehmen. „Bisher werden jährlich Tonnen an Haarresten von den rund 83 000 Friseursalons in Deutschland im Restmüll entsorgt, da nur wenige Haare für Perücken geeignet sind“, berichten sie. Vorbild für ihre Initiative sind die Coiffeurs Justes in Südfrankreich, die Haare sammeln, in Nylonstrümpfe füllen, sie zu Rollen binden und als Filter in Gewässern einsetzen. Diese Filter können gereinigt und bis zu achtmal wiederverwendet werden. In einer ersten Aktion fuhren Gaudioso und Keitel vergangenes Jahr durch Deutschland und Österreich, machten Halt in 270 Salons und schickten 671 Kilogramm Haar nach Frankreich. Mit der Gründung des eigenen Unternehmens, Hair Help the Oceans, wollen sie das Prinzip in Deutschland etablieren. *mz*

Vor 150 Jahren

Schwerste Ostseesturmflut aller Zeiten

An der Ostsee sind schwere Sturmfluten ein eher seltenes Phänomen. Doch Anfang November 1872 baut sich eine besondere Wetterlage auf: Tagelang weht der Wind scharf aus Südwest und drückt das Wasser Richtung Finnland und das Baltikum. Dort steigen die Pegel fortlaufend an, entlang der Küsten Schleswig-Holsteins und Mecklenburgs sinken sie dagegen deutlich – bis zu einem Meter. So kann Nordseewasser durch Skagerrak und Kattegat in die westliche Ostsee einströmen. Dann dreht abrupt der Wind, ein Orkan entsteht, und das Wasser schwappt aus Finnland zurück nach Südwest. Es prallt in der Nacht des 12. auf den 13. November mit Macht auf die deutsche und dänische Ostseeküste. Erreicht werden Wasserstände von 3,30 Meter über Normalnull. Besonders schwer trifft es die Lübecker Bucht und die dortigen Bauerndörfer Sierksdorf, Haffkrug, Scharbeutz und Niendorf. Auch ein Drittel der Insel Fehmarn steht unter Wasser, ebenso die Lübecker Altstadt sowie das Flensburger Hafenviertel. Die Insel Usedom wird zeitweise in zwei Teile getrennt. Schwer betroffen sind auch die dänischen Inseln Bornholm, Møn, Lolland und Falster. Die Bilanz: Insgesamt 271 Menschen kommen ums Leben, 10 000 Nutz- und Haustiere ertrinken. 3000 Gebäude werden zerstört. Über 600 Schiffe sinken oder stranden. In Deutschland setzt daraufhin eine Welle der Hilfsbereitschaft ein – die auch politisch-ideologische Gründe hat: Das Ostseehochwasser wird als Bewährungsprobe für das noch junge deutsche Kaiserreich wahrgenommen. Neben lokalen Hilfskomitees gründet sich der „Deutsche Hülfsverein für die Notleidenden an der Ostseeküste“. Schirmherr wird Kronprinz Wilhelm, der spätere Kaiser Wilhelm II. Landauf, landab berichten Zeitungen und Illustrierte über die Katastrophe im Norden, garniert mit Augenzeugenberichten. Mit Erfolg: Die Spendensumme übersteigt sogar den entstandenen Sachschaden. *fk*

Illustration: Ueli Etter

Direkte Verbindung: Schiffe können künftig russisches Gewässer meiden

Schifffahrt

Kanal durch Frische Nehrung

Der neue Schifffahrtskanal durch die Frische Nehrung in Polen soll ab September (nach Redaktionsschluss, *die Red.*) befahrbar sein. Das gab die polnische Regierung bekannt. Der Kanal, fünf Meter tief und 1,3 Kilometer lang, wird die Stadt Elbląg mit der Danziger Bucht verbinden und durch das Frische Haff und die Landzunge Frische Nehrung führen. Schiffe bis zu 100 Meter Länge, 20 Meter Breite und vier Meter Tiefgang können ihn passieren. Weil durch Frisches Haff und Nehrung die polnisch-russische Grenze verläuft, mussten Schiffe bisher durch russisches Gebiet fahren, um die Ostsee zu erreichen. Laut der polnischen Regierungspartei PiS wird dieser Weg immer wieder von Moskau behindert. Der neue Kanal, dessen Bau 2023 endgültig abgeschlossen sein soll, ermöglicht es den Schiffen, russisches Gewässer zu meiden. Mit dem Bauprojekt verspricht sich Polen wirtschaftliche Impulse für die Region und mehr Souveränität gegenüber Russland. Vor dem Durchstich der ökologisch wertvollen Landzunge im Jahr 2019 protestierten Bewohner der liberal regierten Region gegen den Bau. Die Frische Nehrung ist ein bedeutendes Vogelbrutgebiet. Um Platz für den Kanal zu machen, war schon 2018 nahe dem Dorf Nowy Świat unweit des Ostseebads Krynica Morska 25 Hektar Wald abgeholzt worden. Außerdem befürchten Naturschützer eine Erosion der Sandstrände. Eine Schleuse am Südende des Kanals soll nun weitgehend verhindern, dass Salzwasser aus der Ostsee ins Haff eindringt. Zudem soll eine fast zwei Quadratkilometer große künstliche Insel im Haff Heimat für bedrohte Wasservögel werden. *mz*

Kultur

Museum zurück am Bosporus

Istanbuls Museum für moderne Kunst zieht zurück an seinen ursprünglichen Standort im Hafenviertel Karaköy auf der europäischen Seite Istanbuls am Westufer des Bosporus – allerdings in einen Neubau, der von Stararchitekt Renzo Piano entworfen worden ist. Wiedereröffnung des Museums soll nach Plänen des Vorstands noch in diesem Jahr sein. „Mit der Dynamik unseres neuen Gebäudes wollen wir die Stellung des İstanbul Modern unter den führenden Kunstzentren der Welt stärken", sagt Oya Eczacıbaşı, Vorstandsvorsitzende des Museums. Das Design des neuen Museumsgebäudes mit großen Glasflächen und Metallpaneelen sei vom Bosporus mit seinem glitzernden Wasser und Lichtreflexen inspiriert, berichten die Architekten. Auf der Wasserseite bietet das Museum einen weiten Blick über die historische Halbinsel und die asiatische Seite der Stadt. Zudem ist es gut sichtbar von den Booten und Fähren aus, die die Meerenge befahren. Das Museumsprojekt ist Teil einer umfassenden Erneuerung des Kais auf einer Länge von 1,5 Kilometern. Gegründet im Jahr 2004 als erstes Museum für moderne und zeitgenössische Kunst in der Türkei, war das İstanbul Modern zuletzt für mehrere Jahre in einem historischen Gebäude im lebendigen Viertel Beyoglu untergebracht, einem jahrhundertealten Handelszentrum. *mz*

Wissenschaft

Salzsee im Roten Meer

Ein Forscherteam aus den USA hat im Golf von Akaba einen unterseeischen Salzsee entdeckt. „Es ist der erste Fund eines solchen Laugentümpels außerhalb des Hauptbeckens des Roten Meeres", erklärt Sam Purkis, Meeresbiologe an der University of Miami. Bei der Kartierung des Meeresgrunds vor der Küste Saudi-Arabiens stieß sein ferngesteuerter Tauchroboter am östlichen „Finger" des Roten Meeres in 1770 Meter Tiefe auf eine auffällige Senke. Es handelte sich um ein 10 000 Quadratmeter großes Becken mit hoch konzentrierter Salzlauge. „Wir hatten Glück, denn die Entdeckung erfolgte in den letzten fünf Minuten der zehnstündigen Tauchzeit", so Purkis. Die Forscher stellten fest, dass sich das Wasser dieser Vertiefung chemisch scharf vom restlichen Meerwasser abgrenzt. Der Sauerstoffgehalt sinkt stark ab, der Salzgehalt steigt auf 160 PSU (Practical Salinity Units). Zum Vergleich: In der Nordsee herrscht eine Salinität von 40 PSU. Der hohe Salzgehalt erklärt sich durch Zuströme aus einer unterirdischen Steinsalzschicht des nur zwei Kilometer entfernten

Entdeckt: Laugentümpel im Meer

Küstenhangs. In der extrem salzigen und sauerstoffarmen Lauge können nur Extremophile überleben – Mikroorganismen, die speziell an diese anaeroben Bedingungen angepasst sind. „Im direkten Umkreis des eher lebensfeindlichen Laugentümpels aber hat sich ein Ökosystem mit unterschiedlichen Lebewesen entwickelt“, so Forscher Purkis. „Die dort lebenden Meerestiere profitieren offenbar davon, dass andere Organismen versehentlich in den Salzsee geraten und dort sterben.“ Zu den Lebewesen in der Oase am Meeresgrund gehören Plattfische, Aale und sogar eine Hundshaiart. „Die Aale wurden mehrfach dabei beobachtet, wie sie in die Lauge abtauchten, wahrscheinlich, um Tiere zu fangen, die von dem anoxischen Wasser betäubt oder getötet worden waren“, erklärt Sam Purkis. Zudem entdeckte der Tauchroboter große Kolonien von Langhorngarnelen, die am Rand des Salzsees tote Organismen sammelten. „Solche unterseeischen hypersalinen und sauerstofffreien Laugentümpel sind besonders spannend, denn sie repräsentieren eines der extremsten Habitate der Erde“, schreibt das Team um Purkis im Fachmagazin „Nature Communications“. Die Lebensbedingungen im Inneren des Salzsees könnten vergleichbar mit dem Mars sein. „Die Entdeckung von Mikroben, die in einer so extremen Umwelt überleben, kann daher auch bei der Suche nach Leben jenseits unseres Planeten helfen.“ *jsc*

Tourismus

Venedig verlangt Eintritt

Venedig ist von Overtourism stark betroffen und plant ab Januar 2023 ein Eintrittsgeld für Tagestouristen. „Mordi e fuggi“, zubeißen und wegrennen, nennen die Venezianer das Verhalten der Tagesgäste. Der Vorwurf: Sie würden wenig Geld, aber viel Müll dalassen. Vor der Coronapandemie standen sechs Millionen Übernachtungsgäste rund 22 Millionen Tagesgästen gegenüber. Diese müssen sich den Plänen der Stadtverwaltung nach künftig in einem Webportal anmelden und eine Gebühr von drei bis zehn Euro je Person zahlen. Tagesbesuchern ohne Ticket drohen bis zu 300 Euro Bußgeld. „Wir sind die Ersten weltweit, die dieses System einführen, und wir sind uns bewusst, dass nicht alles von Anfang an gut funktionieren wird“, so Tourismusstadtrat Simone Venturini. Venedig diskutiert seit Jahren über ein Eintrittsgeld und das Gleichgewicht zwischen den Bedürfnissen der noch 50 000 Altstadtbewohner, der Übernachtungs- und der Tagesgäste. Die Gebühr könnte sich für die Stadt lohnen, errechnete die örtliche Universität Ca' Foscari: Sie führe zu direkten Einnahmen und möglicherweise weniger Touristen. Optimal wären demnach 19 Millionen Gäste im Jahr statt wie bisher 28 Millionen. Der Anteil der Tagestouristen müsse dafür von über 75 Prozent auf unter 30 Prozent gedrückt werden. *mz*

Installation in Hamburg: Die Anzeigetafel informiert über Zugvögel

Kunst

Vogelbeobachtung als Kunst

Eine Barkasse in Hamburg, die „Zoë X“, beobachtet Zugvögel und übersetzt ihre Bioindikatoren in Sprache – mithilfe einer hochauflösenden Kamera und zahlreichen Sensoren. FIDS Open Research Lab heißt das von der Kulturstiftung des Bundes und dem Elbkulturfonds Hamburg geförderte interdisziplinäre Projekt. Eine Künstliche Intelligenz interpretiert die Daten zu Streulichthelligkeit, Schalldruck, Temperatur, Luftdruck, Windstärke und -richtung, übersetzt diese in deutsche Sprache und spielt sie auf einer alten Anzeigetafel aus, wie es sie früher an Flughäfen gab. Dieses Flight Information Display System, kurz FIDS, gab dem Projekt seinen Namen. Passanten, die an der „Zoë X“ vorbeikommen, können den Text von der Tafel ablesen und erhalten Information über die Vögel, die gerade am Himmel vorbeiziehen. Heraus kommen dabei Sätze wie „Mit panischen Flügelschlägen fliegt ein Vogel Richtung Harburg davon“ oder „Gen Osten zieht ein langsamer Piepmatz“ oder „Am frühen Morgen ruft ein Hausrotschwanz“. „Es klingt wie eine durchgeknallte Idee, beruht aber auf wissenschaftlichen Methoden. Daraus ergibt sich die Spannung in meinen Installationen: Es ist Kunst, aber auch mehr“, erklärt der Multimediakünstler Claudius Schulze, der zudem in London zu künstlerischer Forschung promoviert. Schulze will mit dem Schiff auf die Licht- und Lärmverschmutzung, die Vögel belasten, aufmerksam machen. Das FIDS Open Research Lab dockt an mehreren Orten Hamburgs an. Vom 8. bis 16. Oktober ist es beim Hamburger Climate Art Fest zu sehen, einem Kunstfestival zum Klimawandel. *mz*

Illustration: Ueli Etter

Impressum

mare

Verleger
und Chefredakteur
Nikolaus Gelpke (V.i.S.d.P.)

Stellvertretender Chefredakteur
Textchef
Karl Spurzem
spurzem@mare.de

Art Director
Nadja Zobel
zobel@mare.de

Photo Directors
Petra Koßmann, Anastasia Hermann
kossmann@mare.de, hermann@mare.de

Redaktion Leben/Politik
Dimitri Ladischensky
ladischensky@mare.de

Redaktion
Wirtschaft/Wissenschaft
Jan Keith
keith@mare.de

Redaktion Kultur
Zora del Buono, Martina Wimmer
delbuono@mare.de, wimmer@mare.de

Redaktion Online
Wiebke Böse
boese@mare.de

Leitung Marketing/Kommunikation
Jan Lehmköster
lehmkoester@mare.de

Vertriebsleitung
Karin Trommer
trommer@mare.de

Buchhaltung
Nicole Steinhauser
steinhauser@mare.de

Organisation
Eva Grünert
gruenert@mare.de

Satz/Lithografie
Andrea Best
best@mare.de

Korrektorat
Susanne Feyke

Druck
Druckhaus Kaufmann

Vertrieb
Stella Distribution GmbH
ISSN 1432-928X
ISBN 978-3-86648-443-6

Abonnementvertrieb
QS Quality Service GmbH

ANSCHRIFTEN

Redaktion und Verlag

mareverlag GmbH & Co. oHG
Sandthorquaihof
Pickhuben 2, 20457 Hamburg
Telefon 040/36 98 59-0
Fax 040/36 98 59-99
mare@mare.de, www.mare.de

Redaktionsbüro Berlin

Hagelberger Straße 53/54
10965 Berlin
Art Direction: Telefon 030/612 86 154
Photo Direction: Telefon 030/617 027 34
Redaktion Kultur: Telefon 030/612 806 93
Fax 030/612 806 94

ABONNEMENTSERVICE

mare-Service
Postfach 11 10 11, 20410 Hamburg
service@abo.mare.de
Telefon +49/(0)40/3007-3536, Fax -853536
Jahresabonnement: 60 Euro
Studentenabonnement: 54 Euro

mare ist stets erhältlich im
Bahnhofs- und Flughafenbuchhandel.

mare erscheint im mareverlag
GmbH & Co. oHG, HRA 90234,
PHG: Dreiviertel Verlag GmbH,
HRB 63029, Nikolaus Gelpke

ANZEIGEN

Anzeigenleitung mare
Anke Wiegel
Speersort 1, 20095 Hamburg
Telefon 040/3280-345
anke.wiegel@zeit.de

Lifestyle
Rudigier Consulting
Telefon 089/3742 6655
Mobil 0160/9094 9098
Steinbacherstraße 8, 81675 München
patricia@rudigier-consulting.com

International
iq media marketing gmbh
Gerda Gavric-Hollender
Telefon 0211/887-2343
Toulouser Allee 27, 40211 Düsseldorf
gerda.gavric-hollender@iqm.de

BILD- UND TEXTNACHWEISE

Bildnachweise

(l.: links; r.: rechts; M.: Mitte; o.: oben; u.: unten)

Titel: Jan Windszus; S. 5: Mathias Bothor/Photoselection; S. 6 v.o.l.n.u.r.: © Patrizia Mussa; akg-images/Cameraphoto; Akintunde Akinleye/picture alliance/REUTERS; mauritius images/PF-(aircraft)/Alamy Stock Photo; © Ragnar Axelsson; Giovanni Cocco; Günter Radtke/alle Rechte bei Zeitlupe gGmbH, Ahrensburg. Digitalisierung: U. Toetzke/M. Buchholz, Ahrensburg; S. 7 u. (Illustration): © iStock.com/marukopum; S. 8/9: mare/Illustration: RB+MKB-Deskkart, Hamburg; S. 12: © Patrizia Mussa; S. 13: © DR; S. 14: © Franz-Renan Joly; S. 15: © Martine Franck/Magnum Photos/Agentur Focus; S. 16: © Patrizia Mussa; S. 17: Henri Cartier-Bresson, © Fondation Henri Cartier-Bresson/Magnum Photos/Agentur Focus; S. 19: © Patrizia Mussa; S. 20: © Franz-Renan Joly; S. 21: © René Burri/Magnum Photos/Agentur Focus; S. 22/23: © Franz-Renan Joly; S. 24: © Patrizia Mussa; S. 25: © Martine Franck/Magnum Photos/Agentur Focus; S. 26: MOPY/Gamma-Rapho via Getty Images; S. 29: akg-images/Cameraphoto; S. 30–35: Akintunde Akinleye/picture alliance/REUTERS; S. 36 (Karte): Peter Palm, Berlin; S. 37: Akintunde Akinleye/picture alliance/REUTERS; S. 38: Silvio/Adobe Stock; S. 39: Science History Images/Alamy Stock Photo; S. 40: Smithsonian National Air and Space Museum (NASM 94-13746); S. 43: Markus Röleke/Droemer-Knaur; S. 45–53: © Ragnar Axelsson; S. 54: aus dem Buch: „Jeg besøgte mine stammefrænder i vest og i øst“, Ono Fleischer, Forlaget Atuagkat, 2008; S. 56 und 57: © Ragnar Axelsson; S. 58: Hulton-Deutsch/Corbis via Getty Images; S. 59: © Ragnar Axelsson; S. 61: Marc Tielemans/Alamy Stock Photo; S. 62 (Illustration): Zoonar GmbH/Alamy Stock Photo; S. 64–70: Jan Windszus, Fotoassistent: Ali Ghandtschi; S. 71 (Illustration): © Vectortatu/Dreamstime.com; S. 71 o. (Porträt): Andreas Weiss; S. 71 u. (Porträt): Mathias Bothor/Photoselection; S. 73 (alle): Roland Brockmann; S. 74: NASA; S. 76: Mark Garlick/Science Photo Library; S. 77 (Karte): Peter Palm, Berlin; S. 80–84: Birgit Hofmann Birkenhall/www.birkenhall-die-wassersprache.eu; S. 86 (Hintergrund Karte): © Forschungsbibliothek Gotha; S. 87 (Illustration): Orlando Hoetzel; S. 88–94: Giovanni Cocco; S. 97: Vincent Lions; S. 99: mauritius images/Westend61 RF/Konstantin Trubavin; S. 100 o.r.: © Robert Capa © international center of photography/Magnum Photos/Agentur Focus; S. 100 u.l.: Jean Henri Lartique/© Ministère de la Culture (France), MAP-AAJHL; S. 100 u.r.: Alice Springs/© Helmut Newton Foundation; S. 101: Helmut Newton © Helmut Newton Foundation; S. 102 l.: aus dem besprochenen Buch; S. 102 r.: © Gabus, Reutimann/Casterman, © der deutschen Ausgabe Carlsen Verlag GmbH, Hamburg; S. 104 (Porträt): © Philippe Malone; S. 107 (Porträt): Mathias Bothor/Photoselection; S. 108–112: Günter Radtke/alle Rechte bei Zeitlupe gGmbH, Ahrensburg. Digitalisierung: U. Toetzke/M. Buchholz, Ahrensburg; S. 113: Online: https://de.wikipedia.org/wiki/Günter_Radtke_(Pressezeichner)#/media/Datei:Pressezeichner_Günter_Radtke_.jpg (Stand: 14.09.2022); S. 115 und 116: Günter Radtke/alle Rechte bei Zeitlupe gGmbH, Ahrensburg. Digitalisierung: U. Toetzke/M. Buchholz, Ahrensburg; S. 117 (alle): akg-images; S. 118 o.l.: Dundee Art Galleries and Museums/Bridgeman Images; S. 119 (Kasten): © Hamburger Kunsthalle/bpk/Foto: Elke Walford; S. 119 o.r.: Ed Francissen/Dreamstime.com; S. 124–127 (Illustration unten): Ueli Etter; S. 124 o.: Dan Beecham; S. 124 u.: Caladan Oceanic and EYOS expeditions; S. 125 o.l.: Kriki/Christian Groß; S. 125 (Kasten): akg-images; S. 126 o.: Patryk Kosmider/shutterstock.com; S. 126 u.: OceanX; S. 127: Claudius Schulze/FIDS Open Research Lab; S. 128: Heike Ollertz/Agentur Focus; S. 129: Heidi und Hans-Jürgen Koch; S. 130: Nicole Riegert; Heftrücken: Conny Bangert.

Textnachweise

S. 28 l.: Fritz J. Raddatz: aus „Mein Sylt“, mareverlag, Hamburg, 2006; S. 28 r.: Kateřina Rudčenková: „Über Dünen laufen“, ins Deutsche übertragen von Christina Frankenberg, www.lyrikline.org.

Der Abonnementauflage von mare ist eine Beilage von Plan International hinzugefügt. Wir bitten um freundliche Beachtung.

Alle Rechte vorbehalten. Reproduktion, Übersetzung in fremde Sprachen, Mikroverfilmung und elektronische Verarbeitung sowie jede andere Art der Wiedergabe nur mit schriftlicher Genehmigung des Verlags. Für unverlangt eingesandte Manuskripte und Fotos wird keine Haftung übernommen.

ClimatePartner
klimaneutral
Druck | ID 11061-1707-1001

mare wird klimaneutral hergestellt und an die Abonnenten in einer kompostierbaren Biofolie versendet.

mare *No. 155*

ab 22. November im Zeitschriften- und Buchhandel

Dezember 2022/Januar 2023

Algen

Sie sind die Superhelden auf unserer Erde: Algen. Jeden zweiten Atemzug verdanken wir ihnen, weil sie CO_2 in Sauerstoff umwandeln. Ohne Algen wäre Leben auf unserem Planeten nie entstanden. In Göttingen weiß man deren Verdienste besonders zu schätzen: Dort befindet sich eine der weltweit größten Sammlungen lebender Algenkulturen. Ein Besuch.

Weitere Themen im Heft

Somaliland
Jährliche Dürrekatastrophen zwingen die nomadischen Viehzüchter in Somaliland dazu, Fischer zu werden.

Cross und das Meer
Die Bilder des Neoimpressionisten Henri-Edmond Cross zeigen die französische Riviera, wie es sie heute nicht mehr gibt.

Gezeitentrommel
1958 erfand ein pensionierter Ingenieur ein einzigartiges, blechbüsengroßes Werkzeug fürs Watt: die Gezeitentrommel.

30 JAHRE
arche noVa
Initiative für Menschen in Not
www.arche-noVa.org

Die in Leipzig lebende Illustratorin Nicole Riegert deutete für mare den Song „Oceans“ von Pearl Jam aus dem Jahr 1991. Die Band gehörte, zusammen mit Gruppen wie Soundgarden und Nirvana, die sämtlich in Seattle, USA, gegründet wurden, zu den Protagonisten des Grunge Rock („Schmuddelrock“), dem Genre, das die Subkultur der frühen 1990er maßgeblich bestimmte. Nicht zuletzt der markante Gesang ihres Sängers Eddie Vedder machte die auch von der Kritik hochgelobte Band zu kommerziell außergewöhnlich erfolgreichen Weltstars der Grunge-Kultur. „Oceans“, „ein Liebeslied für mein Surfboard und jemanden namens Beth“, wie Vedder sagte, war Teil des ersten Pearl-Jam-Albums „Ten“.